河南省2017届高校毕业生

就业状况与人才培养质量
跟踪调研报告

新锦成研究院/编著

光明日报出版社

图书在版编目（CIP）数据

河南省 2017 届高校毕业生就业状况与人才培养质量跟踪调研报告 / 新锦成研究院编著 .-- 北京：光明日报出版社，2019.9

ISBN 978-7-5194-5489-0

Ⅰ.①河… Ⅱ.①新… Ⅲ.①高等学校—毕业生—就业—调查报告—河南—2017②高等学校—人才培养—教育质量—调查报告—河南—2017 Ⅳ.① G647.38 ② G649.21

中国版本图书馆 CIP 数据核字（2019）第 189347 号

河南省 2017 届高校毕业生就业状况与人才培养质量跟踪调研报告

HENANSHENG 2017 JIE GAOXIAO BIYESHENG JIUYE ZHUANGKUANG YU RENCAI PEIYANG ZHILIANG GENGZONG DIAOYAN BAOGAO

编　　著：新锦成研究院

特约编辑：田　军　　　　　　责任编辑：陆希宇
责任校对：赵鸣鸣　　　　　　责任印制：曹　净
封面设计：王玉婷

出版发行：光明日报出版社
地　　址：北京市西城区永安路 106 号，100050
电　　话：010-63131930(邮购)
传　　真：010-63169890
网　　址：http://book.gmw.cn
E - mail：luxiyu@gmw.cn
法律顾问：北京德恒律师事务所龚柳方律师

印　　刷：三河市华东印刷有限公司
装　　订：三河市华东印刷有限公司
本书如有破损、缺页、装订错误，请与本社联系调换，电话：010-67019571

开　　本：170mm×240mm
字　　数：258 千字　　　　　印　　张：18
版　　次：2019 年 9 月第 1 版　印　　次：2019 年 9 月第 1 次印刷
书　　号：ISBN 978-7-5194-5489-0

定　　价：95.00 元

前 言

　　《河南省 2017 届高校毕业生就业状况与人才培养质量跟踪调研报告》主要包括"河南省高校毕业生就业状况""毕业生对高校人才培养的评价反馈""专业预警分析"和"用人单位分析"四部分，报告将用数据回答：河南省高校毕业生就业质量如何？高校人才培养工作水平如何？高校专业设置需要如何调整？用人单位对河南省高校毕业生如何反馈？

　　"河南省高校毕业生就业情况"主要是基于新锦成对河南省 2017 届大学生毕业一年后的跟踪调查，反映了毕业生就业多个方面的现状，包括就业质量、求职分析、创新创业、升学分析、基层就业等方面。

　　"毕业生对高校人才培养的评价反馈"主要通过毕业生对教师、教学、就业创业指导服务及对母校的综合评价等方面，助力高校发现问题改善不足，为河南省高校内涵式发展提供数据参考。

　　"专业预警分析"主要是基于新锦成对河南省本科毕业生及专科毕业生毕业一年后对所学专业反馈情况的统计分析，得出本科及专科不同的预警专业、重点发展专业及应持续关注的专业，以便高校做相应的优化调整。

　　"用人单位分析"包括用人单位对毕业生评价、聘用需求分析以及校企合作分析，以进一步了解河南省高校毕业生短期及长远的需求特征。

　　另外，报告以专题形式分析了河南省 2017 届毕业生流入 / 流出和河南省主要城市毕业生就业 / 创业状况，为河南省高等教育管理部门政策调整及改革深化提供参考。

本年度报告的特点仍然是以数据和图表来呈现分析结果，而非个人观点。读者可以从自身的专业角度对数据或图表背后的因果关系进行深度解读。

特别鸣谢在报告完成过程中提供相关帮助的高等教育管理者和研究者，在此不一一具名。报告中所有错误由作者唯一负责。

感谢读者阅读前言与本报告。限于篇幅，报告仅提供部分数据，如有进一步了解需求，可直接联系作者。

新锦成研究院

2019 年 2 月

目 录

图表目录

第二部分 高校毕业生就业状况

第三部分 毕业生对高校人才培养的评价反馈

第四部分　专业预警分析

第五部分　用人单位评价

专题一　河南省 2017 届毕业生净流入分析

专题二 河南省主要城市毕业生就 / 创业状况

附　表　高校毕业生核心指标对比

附　录　技术报告

第一部分

报告综述

　　报告主要包括"河南省高校毕业生就业状况""毕业生对高校人才培养的评价反馈""专业预警分析""用人单位分析""毕业生净流入分析"和"河南省主要城市毕业生就业／创业分析"六大版块。通过对河南省 2017 届大学生毕业一年后的跟踪调查，反映出毕业生就业与培养多个方面的具体情况。

　　河南省 2017 届高校毕业生共 522127 人，其中本科学历 254678 人，占比 48.78%；专科学历 255559 人，占比 48.94%；研究生学历 11890 人，占比 2.28%。总体调研就业率[①]为 94.37%，毕业去向主要为在国内民营企业／个体单位就业，且以教育行业为主，月均收入为 4426 元。另外，河南省 2017 届毕业生国内升学率为 16.41%，出国（境）留学率为 0.57%，自主创业率为 4.50%，基层就业率为 22.11%。

　　河南省 2017 届高校毕业生对高校教育教学满意度[②]较高。其中，对母校的总体满意度为 8.12 分，对专业课老师的满意度为 8.17 分，对公共课老师的满意度为 8.03 分，对母校教学的总体满意度为 8.05 分，且在母校所获得的专业知识、专业能力及基本能力素质能够很好地应用于日常工作与学习之中。有 69.41% 的 2017 届毕业生明确表示愿意将母校推荐给其他人。

　　专业预警分析是基于新锦成对河南省 2017 届本科毕业生及专科毕业生

---

　　①　调研就业率为 2018 年 09 月 13 日—2018 年 11 月 02 日的调研统计分析结果。

　　②　满意度得分的计算：将满意度的五个等级分别赋予分值，非常满意赋为 4 分，比较满意赋为 3 分，一般赋为 2 分，较不满意赋为 1 分，很不满意赋为 0 分，并采用等权分配计算满意度的十分制评分结果，分数越高代表越满意。

毕业一年后对其所学专业反馈情况的统计分析，得出：本科预警专业为植物保护、劳动与社会保障、工业设计，本科重点发展专业为建筑学、电子信息科学与技术、物理学、轨道交通信号与控制、文化产业管理，本科持续关注专业为城乡规划、公共事业管理、工业工程；专科预警专业为城市轨道交通运营管理、汽车运用技术，专科重点发展专业为金融保险、市内设计技术、建筑装饰工程技术、数控技术，专科持续关注专业为投资与理财、食品加工技术。

通过对用人单位的调研发现，用人单位认为河南省 2017 届毕业生最重要的能力素质为"学习能力"，且用人单位认为 2017 届毕业生能力素质中最强同样为"学习能力"，另外，用人单位认为 2017 届毕业生最需加强的能力素质为"创新能力"。调查发现，54.55% 的企业与河南省高校有过校企合作，主要方式为"为学生提供实习机会"，企业希望高校在"提前主动向企业推荐毕业生"方面加大支持力度。

另外，报告以专题形式分析了河南省 2017 届毕业生流入 / 流出和河南省主要城市毕业生就业 / 创业状况。其中，河南省 2017 届毕业生总体毕业生净流入比例为 –25.92%，表明河南省 2017 届毕业生总体呈流出状态。

报告各部分的主要结论如下。

一、毕业生就业质量较好，自主创业与基层就业各占一定比重

（一）就业状况

1. 就业率

（1）河南省 2017 届高校毕业生调研就业率为 94.37%。本科毕业生就业率为 94.97%，专科毕业生就业率为 93.69%，毕业研究生就业率为 97.28%。

（2）河南省 2017 届本科毕业生不同学科门类的就业率均在 92.00% 以上。其中历史学（97.94%）就业率最高。**河南省 2017 届专科毕业生不同专业大**

类的就业率均在 **85.00%** 以上。其中水利大类（97.74%）就业率最高。**河南省 2017 届毕业研究生不同学科门类的就业率均在 89.00% 以上。其中医学（100.00%）就业率最高。**

2. 毕业去向

（1）河南省 2017 届高校毕业生毕业去向中，在国内单位就业的比例（63.44%）最高。 从学历看，毕业研究生毕业去向为在国内单位就业的比例（78.03%）高于本科毕业生（65.95%）和专科毕业生（60.55%）。

（2）河南省 2017 届不同学科门类本科毕业生毕业去向为在国内单位就业的占比均最高。 其中艺术学本科毕业生在国内单位就业比例（76.63%）最高。**河南省 2017 届不同专业大类专科毕业生毕业去向为在国内单位就业的占比均最高。** 其中制造大类专科毕业生在国内单位就业比例最高（72.19%）。**河南省 2017 届不同学科门类科毕业研究生毕业去向为在国内单位就业的占比均最高。** 其中医学毕业研究生在国内单位就业比例（86.74%）最高。

3. 就业机会[①]

（1）河南省 2017 届高校毕业生就业机会得分为 6.67 分。 从学历看，专科毕业生就业机会（6.81 分）高于本科毕业生（6.55 分）和毕业研究生（6.03 分）。

（2）河南省 2017 届本科毕业生中，工学的本科毕业生就业机会（6.91 分）最多。河南省 2017 届专科毕业生中，土建大类的专科毕业生就业机会（7.19 分）最多。河南省 2017 届毕业研究生中，工学的毕业研究生就业机会（6.59 分）最多。

4. 求职过程

（1）河南省 2017 届高校毕业生获得第一份工作的最主要途径为"学校组织的现场招聘会"（25.88%）。 从学历看，本科毕业生及专科毕业生通过

---

① 毕业生就业机会的计算：将毕业生就业机会的五个等级分别赋予分值，非常多赋为 4 分，比较多赋为 3 分，一般赋为 2 分，比较少赋为 1 分，非常少赋为 0 分，并采用等权分配计算就业机会的十分制评分结果，分数越高代表就业机会越多。

"学校组织的现场招聘会"获得第一份工作比例（分别为21.53%、30.39%）最高；毕业研究生通过"专业化的招聘求职网站"获得第一份工作比例（23.65%）最高。

（2）河南省2017届高校毕业生求职过程中遇到最主要的困难为"实践经验缺乏"（29.99%）。从学历看，本科毕业生、专科毕业生及毕业研究生求职过程中遇到最主要的困难均为"实践经验缺乏"（占比分别为31.29%、28.74%和28.33%）。

5. 地区特色

（1）河南省2017届高校毕业生在省内就业的比例为64.39%，省外就业的比例为35.61%。省外比例最高的前5位就业省（市、区）依次为北京市（6.63%）、上海市（4.89%）、广东省（4.05%）、浙江省（3.57%）和江苏省（3.32%）。从学历看，本科毕业生在省内就业的比例为57.60%，省外就业比例占42.40%。专科毕业生在省内就业的比例为71.45%，省外就业比例占28.55%。毕业研究生在省内就业的比例为72.41%，省外就业比例占27.59%。

（2）在河南省就业的2017届毕业生在郑州市就业的比例（41.38%）最高，其次为南阳市（7.99%），第三是洛阳市（6.73%）。从学历看，本科毕业生在郑州市就业的比例（41.29%）最高，其次为洛阳市（8.19%），第三是信阳市（6.14%）；专科毕业生在郑州市就业的比例（41.08%）最高，其次为南阳市（10.27%），第三是新乡市（6.88%）；毕业研究生在郑州市就业的比例（51.86%）最高，其次为新乡市和信阳市（均为6.90%）和新乡市（6.73%）。

6. 行业特色

（1）河南省2017届高校毕业生就业量最大的行业门类是教育（18.32%）。从学历看，本科毕业生、专科毕业生和毕业研究生就业量最大的行业门类均是教育，分别为24.16%、12.12%和31.76%。

（2）河南省2017届高校毕业生就业量最大的行业大类是教育（13.92%）。

从学历看，本科毕业生和毕业研究生就业量最大的行业大类均为教育，分别为 19.02% 和 28.40%；专科毕业生就业量最大的行业大类是卫生，为 9.94%。

7. 职业特色

（1）河南省 2017 届高校毕业生的就业量最大的职业大类是"教育 / 培训 / 科研"（14.51%）。从学历看，本科毕业生和毕业研究生从事于"教育 / 培训 / 科研"的比例最高，分别为 18.09% 和 25.43%；专科毕业生从事于"医疗卫生"的比例最高，为 11.10%。

（2）河南省 2017 届高校毕业生就业量最大的职业小类是"教学"（10.08%）。从学历看，本科毕业生和毕业研究生就业量最大的职业小类是"教学"（占比分别为 13.54% 和 19.96%）；专科毕业生就业量最大的职业小类是"不便归类的其他人员"（8.30%）。

8. 单位特色

（1）民营企业 / 个体是最主要的流向单位。河南省 2017 届高校毕业生就业于"民营企业 / 个体"的高校毕业生比例（39.59%）最高。从学历看，本科毕业生、专科毕业生和毕业研究生就业于"民营企业 / 个体"的比例均为最高，分别为 37.37%、42.68% 和 20.70%。

（2）用人单位规模以"50 人及以下"为主。河南省 2017 届高校毕业生就业于规模为"50 人及以下"的用人单位的比例为 24.19%。本科毕业生就业于规模为"50 人及以下"的用人单位的比例（20.94%）低于专科毕业生（28.24%）；毕业研究生在规模"2001 人及以上"的单位就业的比例最高（32.34%）。

（二）就业质量

1. 平均月收入

（1）河南省 2017 届高校毕业生的平均月收入为 4426 元。毕业研究生的平均月收入（5441 元）高于本科毕业生（4744 元）和专科毕业生（4077 元）。

（2）河南省 2017 届本科毕业生中，工学的本科毕业生平均月收入（5560

元）最高。河南省 2017 届专科毕业生中，电子信息大类的专科毕业生平均月收入（4990 元）最高。河南省 2017 届毕业研究生中，工学的毕业生平均月收入（6434 元）最高。

2. 专业相关度①

（1）**河南省 2017 届高校毕业生专业相关度得分为 6.55 分。**从学历来看，毕业研究生专业相关度（7.08 分）高于本科毕业生（6.51 分）和专科毕业生（6.58 分）。

（2）河南省 2017 届本科毕业生中，医学的本科毕业生专业相关度（8.10 分）最高。河南省 2017 届专科毕业生中，医药卫生大类的专科毕业生专业相关度（7.98 分）最高。河南省 2017 届毕业研究生中，医学的毕业研究生专业相关度（8.60 分）最高。

（3）**"不想找对口工作，因为个人兴趣"是从事专业不相关工作的最主要原因。**河南省 2017 届高校毕业生从事专业不对口工作的最主要原因是"不想找对口工作，因为个人兴趣"（29.96%）。从学历看，本科毕业生从事专业不对口工作的最主要原因是"不想找对口工作，因为个人兴趣"（30.50%）；专科毕业生从事专业不对口工作的最主要原因是"不想找对口工作，因为个人兴趣"（29.27%）；毕业研究生从事专业不对口工作的最主要原因是"想找对口工作，但是机会太少"（48.91%）。

3. 职业期待吻合度②

（1）**河南省 2017 届高校毕业生职业期待吻合度为 6.54 分。**专科毕业生职业期待吻合度（6.69 分）高于本科毕业生职业期待吻合度（6.40 分）和毕业研究生职业期待吻合度（6.17 分）。

---

① 毕业生专业相关度的计算：将毕业生专业相关度的五个等级分别赋予分值，很对口赋为 4 分，比较对口赋为 3 分，一般赋为 2 分，比较不对口赋为 1 分，很不对口赋为 0 分，并采用等权分配计算相关度的十分制评分结果，分数越高代表越对口。

② 毕业生职业期待吻合度得分的计算：将毕业生求职时职业期待吻合度的五个等级分别赋予分值，非常吻合赋为 4 分，比较吻合赋为 3 分，一般赋为 2 分，较不吻合赋为 1 分，很不吻合赋为 0 分，并采用等权分配计算吻合度的十分制评分结果，分数越高代表越吻合。

（2）河南省 2017 届本科毕业生中，理学的本科毕业生职业期待吻合度（6.83 分）最高。河南省 2017 届专科毕业生中，旅游大类的专科毕业生职业期待吻合度（7.10 分）最高。河南省 2017 届毕业研究生中，教育学的毕业研究生职业期待吻合度（6.61 分）最高。

4. 就业满意度 [①]

毕业生就业满意度细分为对工作总的满意度、薪酬、职业发展前景、工作内容 4 个维度的满意度。

（1）**河南省 2017 届高校毕业生就业满意度为 6.56 分，其中工作内容满意度（6.74 分）最高。**从学历看，专科毕业生就业满意度（6.77 分）高于本科毕业生（6.38 分）和毕业研究生（5.86 分），其中内容满意度在各学历中均最高，分别为 6.58 分、6.92 分、6.10 分。

（2）河南省 2017 届本科毕业生中，理学本科毕业生在 4 个评价维度得分均为最高，就业满意度、薪酬满意度、职业发展前景满意度和工作内容满意度得分分别为 6.81 分、6.36 分、6.91 分和 7.01 分；河南省 2017 届专科毕业生中，旅游大类专科毕业生在 4 个评价维度得分均为最高，就业满意度、薪酬满意度、职业发展前景满意度和工作内容满意度得分分别为 7.22 分、7.05 分、7.30 分和 7.34 分；河南省 2017 届毕业研究生中，农学毕业研究生就业满意度最高，为 6.46 分，管理学毕业研究生薪酬满意度和职业发展前景满意度得分均最高，分别为 5.86 分和 6.41 分，教育学毕业研究生工作内容满意度均最高，为 6.41 分。

5. 离职分析

（1）**河南省 2017 届高校毕业生离职率为 44.89%。**从学历看，专科毕业生的离职率（48.93%）高于本科毕业生（41.65%）和毕业研究生（29.40%）。

（2）河南省 2017 届本科毕业生中，医学的本科毕业生离职率（21.51%）

---

① 毕业生就业满意度得分的计算：将毕业生就业满意度的五个等级分别赋予分值，非常满意赋为 4 分，比较满意赋为 3 分，一般赋为 2 分，较不满意赋为 1 分，很不满意赋为 0 分，并采用等权分配计算满意度的十分制评分结果，分数越高代表越满意。

最低。河南省 2017 届专科毕业生中，医药卫生大类的专科毕业生离职率（32.01%）最低。河南省 2017 届毕业研究生中，医学的毕业研究生离职率（17.33%）最低。

（3）"发展前景有限"为最主要的离职原因。河南省 2017 届高校毕业生因发展前景有限离职的比例（30.00%）最高。 从学历看，毕业研究生因"发展前景有限"离职的比例（30.44%）高于本科毕业生（31.23%）和专科毕业生（28.87%）。

（三）升 / 留学分析

1. 国内升学

（1）河南省 2017 届毕业生国内升学率为 16.04%。 从学历来看，本科毕业生国内读研的比例为 17.36%，专科毕业生读本的比例为 14.79%。

（2）河南省 2017 届毕业生选择国内升学的主要原因是"增加择业资本、站在更高的求职点"（43.49%）。 分学历来看，本科毕业生和专科毕业生选择国内升学的主要原因均为"增加择业资本、站在更高的求职点"（占比分别为 45.32% 和 41.48%）。

（3）河南省 2017 届高校毕业生国内升学满意度得分为 7.19 分。 从学历看，专科毕业生国内升学满意度（7.36 分）高于本科毕业生（7.04 分）。

（4）河南省 2017 届高校毕业生国内升学专业相关度得分为 8.24 分。 从学历看，专科毕业生国内升学专业相关度（8.48 分）高于本科毕业生（8.04 分）。

（5）河南省 2017 届毕业生国内升学跨专业的主要原因是"出于个人兴趣"（35.93%）。 分学历来看，本科毕业生国内升学跨专业的主要原因是"出于个人兴趣"（40.56%），专业毕业生国内升学跨专业的主要原因是"就业前景好"（29.94%）。

2. 出国（境）留学

（1）河南省 2017 届毕业生出国（境）留学率为 0.57%。 其中本科毕业

生出国（境）留学的比例为 0.79%，专科毕业生出国（境）留学的比例为
0.36%。

（2）河南省 2017 届高校毕业生出国（境）留学满意度得分为 7.85 分。
从学历看，专科毕业生出国（境）留学满意度（8.26 分）高于本科毕业生
（7.66 分）。

（3）河南省 2017 届高校毕业生出国（境）留学专业相关度得分为 7.52
分。从学历看，专科毕业生出国（境）留学专业相关度（8.21 分）高于本
科毕业生（7.22 分）。

（4）河南省 2017 届毕业生出国（境）留学跨专业的主要原因是"符合
兴趣爱好"。

（四）自主创业分析

1. 自主创业比例

河南省 2017 届高校毕业生自主创业的比例为 4.50%。专科毕业生自主
创业的比例（5.45%）高于本科毕业生（3.64%）。

2. 自主创业原因

河南省 2017 届自主创业高校毕业生中，创业原因主要是"希望通过
创业实现个人理想"（56.34%）。从学历看，本科毕业生和专科毕业生创业
最主要原因均为"希望通过创业实现个人理想"（占比分别为 56.86% 和
55.97%）。

3. 自主创业地区

河南省 2017 届自主创业高校毕业生的创业地区主要在河南省
（52.24%）。从学历看，自主创业的本科毕业生和专科毕业生创业地区均主
要在河南省（占比分别为 41.99% 和 58.96%）。

4. 自主创业行业

河南省 2017 届自主创业高校毕业生的创业行业主要是"农、林、牧、
渔业"（22.76%）。从学历看，本科毕业生和专科毕业生创业行业均主要是

"农、林、牧、渔业"（占比分别为 24.75% 和 21.54%）。

5. 自主创业行业与专业相关度

河南省 2017 届高校毕业生自主创业专业相关度得分为 5.59 分。从学历看，本科自主创业毕业生的专业相关度（5.93 分）高于专科毕业生（5.36 分）。

6. 自主创业资金来源

河南省 2017 届自主创业的高校毕业生中，"父母亲友的支持"是主要的资金来源（58.53%）。从学历看，本科毕业生和专科毕业生的创业资金主要来源均为"父母亲友的支持"（占比分别为 60.98% 和 56.98%）。

7. 自主创业规模

河南省 2017 届毕业生自主创业规模主要在"5 人及以下"（41.60%）。从学历来看，本科毕业生自主创业规模主要在"6~10 人"（38.04%），专科毕业生自主创业规模主要在"5 人及以下"（43.95%）。

8. 自主创业目前营业收入

河南省 2017 届毕业生自主创业目前营业收入主要在"0~30 万"（54.74%）。从学历来看，本科毕业生和专科毕业生自主创业目前营业收入均主要在"0~30 万"（占比分别为 49.14% 和 58.45%）。

（五）基层就业[①] 分析

1. 基层就业比例

河南省 2017 届高校毕业生基层就业的比例为 22.11%。专科毕业生基层就业的比例（26.51%）高于本科毕业生（18.45%）和毕业研究生（9.86%）。

2. 基层就业地区

河南省 2017 届基层就业高校毕业生的就业地区主要在河南省

---

① 基层就业：指国家基层项目（指中央各有关部门主要组织实施了 5 个引导高校毕业生到基层就业的专门项目，包括大学生村官、"三支一扶"计划、志愿服务西部计划、教师特岗计划和农技特岗计划）和地方基层项目（指由地方各省级部门组织实施的引导高校毕业生到基层就业的项目）。

（70.60%）。从学历看，基层就业的本科毕业生、专科毕业生和毕业研究生的就业地区均主要在河南省（占比分别为65.69%、74.20%和76.92%）。

3. 基层就业行业

河南省2017届基层就业高校毕业生的就业行业主要是"教育"（25.17%）。从学历看，基层就业的本科毕业生和毕业研究生就业行业门类均主要是"教育"（占比分别为39.45%和47.22%），基层就业的专科毕业生就业行业门类主要是"建筑业"（15.66%）。

4. 基层就业职业

河南省2017届基层就业高校毕业生的就业职业主要是"教育/培训/科研"（21.04%）。从学历看，基层就业的本科毕业生和毕业研究生就业职业大类主要是"教育/培训/科研"（占比分别为31.31%和37.33%），基层就业的专科毕业生就业职业大类主要是"建筑建材"（15.87%）。

5. 基层就业单位性质

河南省2017届基层就业高校毕业生的就业单位性质主要是"中初教育单位"（21.42%）。从学历看，基层就业的本科毕业生和毕业研究生就业单位性质主要是"中初教育单位"（占比分别为34.64%和34.18%），基层就业的专科毕业生就业单位性质主要是"民营企业/个体"（23.33%）。

6. 基层就业月收入

河南省2017届基层就业高校毕业生的平均月收入为4122元。从学历来看，基层就业的本科毕业生平均月收入为4195元，基层就业的专科毕业生平均月收入为4063元，基层就业的毕业研究生平均月收入为4407元。

7. 基层就业专业相关度

河南省2017届基层就业高校毕业生专业相关度得分为7.66分。从学历看，基层就业的专科毕业生专业相关度（7.96分）高于本科毕业生（7.25分）和毕业研究生（7.84分）。

8. 基层就业职业期待符合度

河南省2017届基层就业高校毕业生职业期待吻合度为7.52分。从学历来看，基层就业的专科毕业生职业期待吻合度（7.91分）高于本科毕业生（7.03分）和毕业研究生（6.02分）。

9. 基层就业满意度

河南省2017届基层就业高校毕业生就业满意度为7.44分。 从学历来看，基层就业的专科毕业生就业满意度（7.89分）高于本科毕业生（6.86分）和毕业研究生（5.88分）。

10. 基层就业工作稳定性

河南省2017届基层就业高校毕业生离职率为38.32%。 从学历看，基层就业的本科毕业生的离职率（38.61%）高于专科毕业生（38.27%）和毕业研究生（23.88%）。

二、建立人才培养反馈评价机制，着力推动内涵式发展

（一）对教师的评价

1. 对专业课老师的评价

（1）**河南省2017届高校毕业生对专业课老师满意度为8.17分，其中对专业课老师教学水平的满意度（8.18分）高于对专业课老师教学态度的满意度（8.15分）。** 从学历看，专科毕业生对专业课老师满意度（8.28分）高于本科毕业生（8.04分）和毕业研究生（8.00分）。在各评价维度中，专科毕业生的满意度均高于本科毕业生和毕业研究生。

（2）河南省2017届本科毕业生中，历史学的本科毕业生对专业课老师的满意度（8.80分）最高。河南省2017届专科毕业生中，生化与药品大类的专科毕业生对专业课老师的满意度（8.61分）最高。河南省2017届毕业研究生中，教育学的毕业研究生对专业课老师的满意度（8.42分）最高。

2. 对公共课老师的评价

（1）**河南省2017届高校毕业生对公共课老师满意度为8.03分，其中对**

公共课老师教学水平的满意度（8.04 分）高于对公共课老师教学态度的满意度（8.03 分）。从学历看，专科毕业生对公共课老师满意度（8.18 分）高于本科毕业生（7.88 分）和毕业研究生（7.76 分），在各评价维度中，专科毕业生的满意度均高于本科毕业生和毕业研究生。

（2）河南省 2017 届本科毕业生中，历史学的本科毕业生对公共课老师的满意度（8.54 分）最高。河南省 2017 届专科毕业生中，资源开发与测绘大类的专科毕业生对公共课老师的满意度（8.53 分）最高。河南省 2017 届毕业研究生中，农学的毕业研究生对公共课老师的满意度（8.02 分）最高。

（二）对教学的评价

1. 对教学的总体评价

（1）河南省 2017 届高校毕业对母校教学的总体满意度为 8.05 分。从学历来看，专科毕业生对母校教学的总体满意度（8.20 分）高于本科毕业生（7.89 分）和毕业研究生（7.84 分）。

（2）河南省 2017 届本科毕业生中，历史学的本科毕业生对母校教学的总体满意度（8.56 分）最高。河南省 2017 届专科毕业生中，资源开发与测绘大类的专科毕业生对母校教学的总体满意度（8.55 分）最高。河南省 2017 届毕业研究生中，农学的毕业研究生对母校教学的总体满意度（8.31 分）最高。

2. 对课堂教学的评价

（1）河南省 2017 届高校毕业生对课堂教学满意度为 7.51 分，其中对"老师对课堂纪律 / 秩序要求严格满意度"的满意度（7.83 分）最高。从学历看，专科毕业生对课堂教学的满意度（7.69 分）高于本科毕业生（7.33 分）和毕业研究生（7.29 分），在各评价维度中，专科毕业生的满意度均高于本科毕业生和毕业研究生。

（2）河南省 2017 届本科毕业生中，历史学的本科毕业生对母校课堂教学满意度（7.93 分）最高。河南省 2017 届专科毕业生中，资源开发与测绘大类的专科毕业生对母校课堂教学满意度（8.04分）最高。河南省2017届毕业研究生中，教育学的毕业研究生对母校课堂教学满意度（7.74分）最高。

3. 对实践教学的评价

（1）**实践教学对河南省2017届高校毕业生帮助度为7.25分，其中实验教学的帮助度（7.32分）最高。**从学历看，实践教学对专科毕业生的帮助度（7.45分）高于本科毕业生（7.04分）和毕业研究生（7.08分），在各评价维度中，对专科毕业生的帮助度均高于本科毕业生和毕业研究生。

（2）河南省2017届本科毕业生中，母校实践教学对历史学的本科毕业生帮助度（7.57分）最高。河南省2017届专科毕业生中，母校实践教学对医药卫生大类的专科毕业生帮助度（8.13分）最高。河南省2017届毕业研究生中，母校实践教学对教育学的毕业研究生帮助度（7.69分）最高。

（三）毕业生能力素质评价

1. 专业知识的重要度[①]和满足度[②]

（1）**河南省2017届高校毕业生在大学所获得的专业知识对其工作/学习的重要度为7.88分。**从学历看，毕业研究生在大学所获得的专业知识对其工作/学习的重要度（8.37分）高于本科毕业生（7.86分）和专科毕业生（7.88分）。

（2）**河南省2017届高校毕业生在大学所获得的专业知识对其工作/学习的满足度为7.18分。**从学历看，专科毕业生在大学所获得的专业知识对其工作/学习的满足度（7.40分）高于本科毕业生（6.97分）和毕业研究生（7.02分）。

---

① 毕业生专业知识重要度的计算：将毕业生专业知识重要度的五个等级分别赋予分值，很重要赋为4分，比较重要赋为3分，一般赋为2分，不太重要赋为1分，很不重要赋为0分，并采用等权分配计算相关度的十分制评分结果，分数越高代表越重要。

② 毕业生专业知识满足度的计算：将毕业生专业知识满足度的五个等级分别赋予分值，完全满足赋为4分，大部分满足赋为3分，基本满足赋为2分，大部分没满足赋为1分，完全没满足赋为0分，并采用等权分配计算相关度的十分制评分结果，分数越高代表越满足。

（3）河南省 2017 届本科毕业生中，历史学的本科毕业生在大学所获得的专业知识对其工作 / 学习的重要度（8.84 分）最高。河南省 2017 届专科毕业生中，医药卫生大类的专科毕业生在大学所获得的专业知识对其工作 / 学习的重要度（8.61 分）最高。河南省 2017 届毕业研究生中，医学的毕业研究生在大学所获得的专业知识对其工作 / 学习的重要度（9.00 分）最高。

（4）河南省 2017 届本科毕业生中，历史学的本科毕业生在大学所获得的专业知识对其工作 / 学习的满足度（7.53 分）最高。河南省 2017 届专科毕业生中，医药卫生大类的专科毕业生在大学所获得的专业知识对其工作 / 学习的满足度（8.03 分）最高。河南省 2017 届毕业研究生中，教育学的毕业研究生在大学所获得的专业知识对其工作 / 学习的满足度（7.65 分）最高。

2. 专业能力的重要度[①] 和满足度[②]

（1）**河南省 2017 届高校毕业生在大学所获得的专业能力对其工作 / 学习的重要度为 7.86 分。**从学历看，毕业研究生在大学所获得的专业能力对其工作 / 学习的重要度（8.42 分）高于本科毕业生（7.83 分）和专科毕业生（7.88 分）。

（2）**河南省 2017 届高校毕业生在大学所获得的专业能力对其工作 / 学习的满足度为 7.03 分。**从学历看，专科毕业生在大学所获得的专业能力对其工作 / 学习的满足度（7.22 分）高于本科毕业生（6.84 分）和毕业研究生（6.96 分）。

（3）**河南省 2017 届本科毕业生中，历史学的本科毕业生在大学所获得的专业能力对其工作 / 学习的重要度（8.82 分）最高。**河南省 2017 届专科毕业生中，医药卫生大类的专科毕业生在大学所获得的专业能力对其工作 /

---

① 毕业生专业能力重要度的计算：将毕业生专业能力重要度的五个等级分别赋予分值，很重要赋为 4 分，比较重要赋为 3 分，一般赋为 2 分，不太重要赋为 1 分，很不重要赋为 0 分，并采用等权分配计算相关度的十分制评分结果，分数越高代表越重要。

② 毕业生专业能力满足度的计算：将毕业生专业能力满足度的五个等级分别赋予分值，完全满足赋为 4 分，大部分满足赋为 3 分，基本满足赋为 2 分，大部分没满足赋为 1 分，完全没满足赋为 0 分，并采用等权分配计算相关度的十分制评分结果，分数越高代表越满足。

学习的重要度（8.50分）。河南省2017届毕业研究生中，医学的毕业研究生在大学所获得的专业能力对其工作/学习的重要度（9.07分）最高。

（4）河南省2017届本科毕业生中，教育学的本科毕业生在大学所获得的专业能力对其工作/学习的满足度（7.25分）最高。河南省2017届专科毕业生中，医药卫生大类的专科毕业生在大学所获得的专业能力对其工作/学习的满足度（7.86分）最高。河南省2017届毕业研究生中，教育学的毕业研究生在大学所获得的专业能力对其工作/学习的满足度（7.64分）最高。

3. 基本能力素质分析

河南省2017届高校毕业生认为对现在的工作/学习而言，重要的基本能力素质中，逻辑思维的比例（51.62%）最高，其均值为7.33分。从学历看，本科毕业生认为对现在的工作/学习而言，最重要的基本能力素质为逻辑思维（53.14%），其均值为7.21分；专科毕业生认为对现在的工作/学习而言，最重要的基本能力素质为善于观察（50.27%），其均值为8.03分；毕业研究生认为对现在的工作/学习而言，最重要的能力素质为逻辑思维（63.99%），其均值为7.22分。

（四）就业创业指导与服务

1. 对就业指导/服务的评价

河南省2017届高校毕业生对就业指导/服务的满意度为7.69分，其中对"生涯规划/就业指导课满意度"的满意度（7.82分）最高。

2. 对创业教育/服务的评价

河南省2017届高校毕业生对创业教育/服务的满意度为7.34分，其中对母校"创业指导服务（如信息咨询、管理运营等）"的满意度（7.69分）最高。

3 学生指导工作/服务需改进之处

河南省2017届高校毕业生认为母校学生指导工作/服务最需改进的是就业指导/服务（60.36%）。

（五）对母校综合评价

1. 对母校满意度 ①

河南省 2017 届高校毕业生对母校的满意度为 8.12 分。从学历看，专科毕业生对母校的满意度（8.18 分）高于本科毕业生（8.07 分）和毕业研究生（8.12 分）。

2. 对母校推荐度

河南省 2017 届高校毕业生愿意推荐母校的比例为 69.41%，不愿意推荐母校的比例为 6.98%。从学历看，专科毕业生愿意推荐母校的比例（68.14%）低于本科毕业生（70.43%）和毕业研究生（81.13%），专科毕业生不愿意推荐母校的比例（7.59%）高于本科毕业生（6.43%），高于毕业研究生（4.03%）。

三、综合多指标开展专业预警，优化专业机构

（一）本科专业预警

（1）**本科预警专业**：植物保护、劳动与社会保障、工业设计。

（2）**本科重点发展专业**：建筑学、电子信息科学与技术、物理学、轨道交通信号与控制、文化产业管理。

（3）**本科持续关注专业**：城乡规划、公共事业管理、工业工程。

（二）专科专业预警

（1）**专科预警专业**：城市轨道交通运营管理、汽车运用技术。

---

① 对母校满意度得分的计算：将对母校满意度的五个等级分别赋予分值，非常满意赋为 4 分，比较满意赋为 3 分，一般赋为 2 分，较不满意赋为 1 分，很不满意赋为 0 分，并采用等权分配计算满意度的十分制评分结果，分数越高代表越满意。

（2）专科重点发展专业：金融保险、市内设计技术、建筑装饰工程技术、数控技术。

（3）专科持续关注专业：投资与理财、食品加工技术。

四、以社会需求为导向，持续跟进用人单位评价反馈

（一）用人单位对毕业生评价

1. 用人单位对毕业生工作表现满意度

用人单位对河南省毕业生工作表现的满意度为 7.75 分。

（1）"公共管理、社会保障和社会组织"行业的用人单位对河南省 2017 届毕业生工作表现的满意度（10.00 分）最高。

（2）"党政机关"单位的用人单位对河南省 2017 届毕业生工作表现满意度（10.00 分）最高。

（3）规模为 1001~2000 人的用人单位对毕业生工作表现满意度（8.44 分）最高。

2. 用人单位对毕业生能力评价

用人单位对河南省毕业生工作能力评分为 7.73 分。

（1）"公共管理、社会保障和社会组织"行业的用人单位对河南省 2017 届毕业生能力评价（10.00 分）最高。

（2）"党政机关"性质的用人单位对毕业生能力评价（10.00 分）最高。

（3）规模为 1001~2000 人的用人单位对毕业生能力评价（8.29 分）最高。

（二）用人单位聘用需求分析

1. 毕业生能力素质需求分析

（1）用人单位认为河南省 2017 届毕业生能力素质重要度排在第一位的是"学习能力"（84.33%）。

（2）用人单位认为河南省 2017 届毕业生较强的能力素质中排在第一位的是"学习能力"（63.61%）。

（3）用人单位认为河南省 2017 届毕业生需加强的能力素质中排在第一位的是"创新能力"（52.36%）。

2. 应届毕业生毁约比例

过去三年聘用过河南省高校应届毕业生的用人单位中，累计有 55.95% 的用人单位有过河南省高校应届毕业生毁约的现象。

（1）"租赁和商务服务业"用人单位的高校应届生毕业生毁约比例（40.00%）最低。

（2）"国有企业"用人单位的高校应届毕业生的毁约比例（27.78%）最低。

（3）规模为"1001~2000 人"的用人单位的高校应届毕业生毁约比例（31.82%）最低。

3. 招聘需求

（1）用人单位过去三年招聘过但没有聘用到河南省高校应届毕业生的主要职业类是"其他专业技术人员"（41.67%）。

（2）用人单位过去三年没有聘用到河南省高校应届毕业生的主要理由是"毕业生职场价值观不匹配"和"毕业生对单位工作地点挑剔"（均为 50.00%）。

（三）校企合作分析

1. 校企合作的比例

用人单位与河南省高校有过校企合作的比例为 54.55%。

（1）金融业门类的用人单位与河南省高校有过校企合作的比例（70.59%）最高。

（2）"三资企业"性质的用人单位与河南省高校有过校企合作的比例（80.00%）最高。

（3）规模为"2001人及以上"的用人单位与河南省高校有过校企合作的比例（72.92%）最高。

2. 校企合作的方式

用人单位与河南省高校校企合作最主要的方式是"为学生提供实习机会"（92.11%）。

不同行业门类、不同性质、不同规模用人单位与学校校企合作最主要的方式均是"为学生提供实习机会"。

3. 用人单位希望学校提供的工作支持

用人单位希望学校提供的最主要的工作支持是"提前主动向本单位推荐毕业生"（76.08%）。

五、关注就业流向，推进人才集聚

（一）毕业生净流入分析

1. 总体及各学历毕业生净流入比例 [①]

（1）河南省2017届毕业生总体毕业生净流入比例为 –25.92%，表明河南省2017届毕业生总体呈流出状态。 从学历来看，本科毕业生净流入为 –27.56%，专科毕业生为 –24.65%，毕业研究生为 –19.57%，均呈流出状态。

（2）河南省2017届本科各学科门类毕业生净流入比例均为负值，表明均呈流出状态，其中教育学本科毕业生流出比例（13.18%）最低，其次为医学（13.83%），第三是历史学（14.81%）。河南省2017届专科各专业大类毕业生净流入比例均为负值，表明均呈流出状态，其中医药卫生大类的专

---

① 毕业生净流入比例 =（省内就业人数 – 省内生源数）/ 省内生源数 *100.00%，值为正，表示毕业生呈流入状态，值为负，表示毕业生呈流出状态。

科毕业生流出比例（8.79%）最低，其次为公安大类（9.09%），第三是环保、气象与安全大类（11.76%）。河南省 2017 届毕业研究生各学科门类毕业生净流入比例均为负值，表明均呈流出状态，其中医学的毕业研究生外省流入比例（1.33%）最低，其次为法学（7.84%），第三是管理学（11.11%）。

（二）选择就业地的主要原因分析

1.选择在河南省就业的原因

河南省 2017 届高校毕业生选择在河南省就业的原因除"其他"外，主要是"福利待遇好"（20.85%）。从学历看，除"其他"外，本科毕业生和毕业研究生选择在河南省就业的主要原因均为"方便亲友互助"（占比分别为 23.49% 和 33.57%），专科毕业生选择在河南省就业的主要原因为"福利待遇好"（24.57%）。

2.选择在河南省外就业的原因

河南省 2017 届高校毕业生选择在河南省外就业的原因除"其他"外，主要是"发展前景好"（31.63%）。从学历看，除"其他"外，本科毕业生、专科毕业生和毕业研究生选择在河南省外就业的主要原因均为"发展前景好"（占比分别为 31.39%、32.19% 和 26.85%）。

六、河南省人才培养及毕业生就业创业工作思考与建议

总体看来，河南省 2017 届毕业生就创业状况较好，对母校教学及校友服务等评价较高。为了进一步提升河南省高等教育质量，特提出建议如下。

（一）根据社会需求，优化专业设置

综合就业率、平均月收入、专业相关度、就业满意度、专业知识满足度五种指标得出以下结论。河南省 2017 届本科预警专业为：植物保护、劳动与社会保障、工业设计；本科重点发展专业为：建筑学、电子信息科学与

技术、物理学、轨道交通信号与控制、文化产业管理；本科持续关注专业为：城乡规划、公共事业管理、工业工程。河南省2017届专科预警专业为：城市轨道交通运营管理、汽车运用技术；专科重点发展专业为：金融保险、市内设计技术、建筑装饰工程技术、数控技术；专科持续关注专业为：投资与理财、食品加工技术。

建议： 河南省高校可参考专业预警各指标排名，结合历年的就业状况、未来的发展空间和社会需求情况，考虑是否采取调整专业的招生规模、结构等措施。逐步建立"招生—就业—培养"常态化联动机制，定期跟进调研毕业生职业发展情况，并根据毕业生反馈及时采取改进措施。但要注意三点：第一，高校专业设置要真正依据市场对人才的不同需求做出相应调整，以市场为导向，优化专业结构，不能盲目跟随市场开设专业，减少低水平重复建设；第二，加强与企业之间的沟通与互动，了解用人单位真正需要何种人才，有针对性地调整培养目标、相关课程以及教学方式，紧跟经济社会的变化；第三，学校可建立较为灵活的专业转换制度，对于申请更换专业的学生，在可操控的情况下允许更换等。

（二）加强就业引导，端正择业观念

对河南省2017届高校毕业生工作稳定性的调研结果显示，河南省2017届高校毕业生离职率为44.89%。从学历看，专科毕业生的离职率（48.93%）高于本科毕业生（41.65%）和毕业研究生（29.40%）。过去三年聘用过河南省高校应届毕业生的用人单位中，累计有55.95%的用人单位有过河南省高校应届毕业生毁约的现象。

建议： 建议河南省高校从以下两方面开展有针对性的就业指导工作。一方面，深入开展职业规划教育，引导学生了解用人单位的相关制度、工作内容与职位情况，提高就业能力与职业素养，切忌盲目就业；另一方面，思想教育是抓手，加强诚信教育，引导形成合理的薪酬观、良好的职业观，树立职业规划意识。对于毕业生的职业类别转换，应当加强职业规划教育，帮助其尽快找到自己的职业定位，少走弯路，有规划地就业、择业。此外，在与企业沟通方面，应进一步加强校企合作，寻找和开辟实习和实训基地，为学生提供更多的就业实习机会，丰富其实践经验。

（三）提供政策支持，鼓励自主创业

对河南省 2017 届高校毕业生自主创业的调研结果显示，河南省 2017 届自主创业的高校毕业生，在创业过程中遇到的困难首先是"办公场地、设备等软硬件环境的准备"（36.74%），其次是"创业团队组建"（36.58%），再者是"资金筹措"（29.38%）。从学历看，本科毕业生在创业过程中遇到的困难主要是"创业团队组建"（41.46%），专科毕业生在创业过程中遇到的困难主要是"办公场地、设备等软硬件环境的准备"（35.36%）。

建议："创业"已成为当下毕业生热门话题之一，河南省必须迎头赶上，因此需从省高等教育主管部门到各高校给予创业毕业生相应支持。例如，省高等教育主管部门从政策、资金拨款等方面给予各高校支持，减少高校毕业生创业手续审批办理流程；举办省级毕业生创业交流展，为河南省高校创业毕业生提供平台和产品、营销推广；建立省级毕业生创业孵化园区，为毕业生创业提供办公场地、设备等软硬件环境。各高校可开设创业课程，举办创业交流会，请优秀创业校友回校做创业报告，举办创业大赛及模拟实训，并在场地和资金方面给予一定支持。

第二部分
高校毕业生就业状况

一、毕业生结构分析

（一）毕业生性别分布

河南省 2017 届高校毕业生共 522127 人。其中，男生 241477 人，占毕业生总人数的 46.25%；女生 280650 人，占毕业生总人数的 53.75%。男女性别比为 0.86 : 1，女生比例偏高。

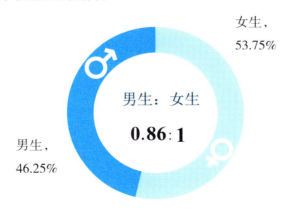

图 2-1-1　河南省 2017 届高校毕业生性别分布　　　（单位：%）

（二）毕业生学历层次分布

河南省 2017 届高校毕业生中，本科学历为 254678 人，占比为 48.78%；

专科学历为255559人，占比为48.94%；研究生学历为11890人，占比为2.28%。

表 2-1-1　河南省 2017 届高校毕业生学历层次分布　　　　（单位：%）

学历	人数	占比
本科	254678	48.78
专科	255559	48.94
研究生	11890	2.28
总体	522127	100.00

（三）毕业生学科门类/专业大类分布

河南省 2017 届高校毕业生中，学科门类及专业大类分布如下。

表 2-1-2　河南省 2017 届本科毕业生学科门类分布　　　　（单位：%）

学科门类	人数	占比
工学	73307	28.78
管理学	48785	19.16
文学	37168	14.59
理学	21711	8.52
医学	17222	6.76
艺术学	13549	5.32
经济学	13178	5.17
教育学	13003	5.11
法学	9721	3.82
农学	5693	2.24
历史学	1293	0.51
哲学	48	0.02
总体	254678	100.00

表 2-1-3　河南省 2017 届专科毕业生专业大类分布　　　　（单位：%）

专业大类	人数	占比
财经大类	52256	20.45
医药卫生大类	34128	13.35
土建大类	32760	12.82
制造大类	32234	12.61
文化教育大类	28245	11.05
电子信息大类	22988	9.00
艺术设计传媒大类	11920	4.66
交通运输大类	10649	4.17
旅游大类	7773	3.04
轻纺食品大类	4128	1.62
资源开发与测绘大类	3106	1.22
生化与药品大类	2962	1.16
农林牧渔大类	2528	0.99
法律大类	2489	0.97
材料与能源大类	2279	0.89
公共事业大类	2104	0.82
水利大类	1339	0.52
公安大类	1215	0.48
环保、气象与安全大类	456	0.18
总体	255559	100.00

表 2-1-4　河南省2017届毕业研究生学科门类分布　　　（单位：%）

学科门类	人数	占比
工学	2670	22.46
理学	2186	18.39
医学	1770	14.89
教育学	1186	9.97
管理学	1044	8.78
法学	789	6.64
文学	747	6.28
农学	574	4.83
艺术学	352	2.96
经济学	307	2.58
历史学	165	1.39
哲学	100	0.84
总体	11890	100.00

（四）毕业生生源地分布

1. 生源省（市、区）[①]

河南省2017届高校毕业生生源地在本地的比例为86.65%，省外的比例仅为13.35%。从学历看，本科毕业生生源地在本地的比例为79.47%，省外的比例为20.53%，省外比例最高的前5位生源省（市、区）依次为河北省（1.65%）、山东省（1.55%）、山西省（1.35%）、安徽省（1.35%）和北京市（1.07%）；专科毕业生生源地在本地的比例高达93.68%，省外比例仅占6.32%，省外比例最高的前5位生源省（市、区）依次为北京市

---

① 生源省（市、区）：一级行政区划。

（1.36%）、山西省（0.54%）、安徽省（0.39%）、河北省（0.38%）和天津市（0.35%）；毕业研究生生源地在本地的比例为89.57%，省外比例仅占10.43%，省外比例最高的前6位生源省（市、区）依次为山东省（1.22%）、河北省（0.85%）、湖北省（0.85%）、山西省（0.85%）、江苏省（0.85%）和北京市（0.75%）。

表2-1-5　河南省2017届高校毕业生生源省（市、区）分布①　　（单位：%）

生源省（市、区）	比例	生源省（市、区）	比例
河南省	86.65	湖北省	0.38
北京市	1.21	广西壮族自治区	0.35
河北省	1.01	四川省	0.34
山西省	0.94	贵州省	0.32
山东省	0.92	吉林省	0.31
安徽省	0.86	辽宁省	0.30
江苏省	0.63	新疆维吾尔自治区	0.30
甘肃省	0.62	陕西省	0.29
福建省	0.50	黑龙江省	0.29
江西省	0.49	上海市	0.27
浙江省	0.48	广东省	0.26
内蒙古自治区	0.43	云南省	0.25
湖南省	0.42	重庆市	0.21
天津市	0.42	海南省	0.21

①　生源比例未达0.20%的地区未呈现。

表 2-1-6　河南省 2017 届本科毕业生生源省（市、区）分布[①]　　（单位：%）

生源省（市、区）	比例	生源省（市、区）	比例
河南省	79.47	贵州省	0.52
河北省	1.65	黑龙江省	0.51
山东省	1.55	四川省	0.50
山西省	1.35	天津市	0.50
安徽省	1.35	吉林省	0.50
江苏省	1.07	辽宁省	0.49
北京市	1.06	陕西省	0.46
甘肃省	0.95	新疆维吾尔自治区	0.45
江西省	0.87	云南省	0.40
福建省	0.86	广东省	0.40
湖南省	0.80	海南省	0.36
浙江省	0.78	上海市	0.34
内蒙古自治区	0.67	重庆市	0.32
广西壮族自治区	0.67	宁夏回族自治区	0.27
湖北省	0.64	青海省	0.21

表 2-1-7　河南省 2017 届专科毕业生生源省（市、区）分布[②]　　（单位：%）

生源省（市、区）	比例	生源省（市、区）	比例
河南省	93.68	天津市	0.35
北京市	1.36	甘肃省	0.30
山西省	0.54	山东省	0.30
安徽省	0.39	江苏省	0.20
河北省	0.38	–	–

---

① 生源比例未达 0.20% 的地区未呈现。
② 生源比例未达 0.20% 的地区未呈现。

表 2-1-8   河南省 2017 届毕业研究生生源省（市、区）分布[①]   （单位：%）

生源省（市、区）	比例	生源省（市、区）	比例
河南省	89.57	安徽省	0.75
山东省	1.22	内蒙古自治区	0.66
河北省	0.85	黑龙江省	0.38
湖北省	0.85	贵州省	0.38
山西省	0.85	海南省	0.28
江苏省	0.85	甘肃省	0.28
北京市	0.75	四川省	0.28

2. 省内生源地区[②]

河南省 2017 届毕业生省内生源地区为郑州市的比例（13.40%）最高，其次为周口市（11.14%），第三是南阳市（8.51%）。从学历看，本科毕业生省内生源地为郑州市的比例（12.92%）最高，其次为周口市（10.37%），第三是信阳市（10.15%）；专科毕业生省内生源地为郑州市的比例（13.65%）最高，其次为周口市（11.84%），第三是南阳市（9.86%）；毕业研究生省内生源地为郑州市的比例（19.30%）最高，其次为信阳市和周口市（均为8.87%），第三是南阳市（7.18%）。

表 2-1-9   河南省 2017 届总体及不同学历毕业生省内生源地区分布   （单位：%）

省内生源地	总体	本科毕业生	专科毕业生	毕业研究生
郑州市	13.40	12.92	13.65	19.30
周口市	11.14	10.37	11.84	8.87
南阳市	8.51	6.94	9.86	7.18
信阳市	7.87	10.15	5.93	8.87

①   生源比例未达 0.20% 的地区未呈现。

②   省内生源地：二级行政区划。

省内生源地	总体	本科毕业生	专科毕业生	毕业研究生
商丘市	7.82	8.21	7.52	6.62
驻马店市	6.99	7.73	6.44	4.49
洛阳市	6.66	7.64	5.90	4.49
新乡市	6.07	4.85	7.07	7.07
开封市	4.47	3.95	4.85	6.96
平顶山市	4.45	4.67	4.30	3.26
安阳市	4.21	4.62	3.86	4.60
焦作市	3.94	4.1	3.79	4.38
许昌市	3.41	3.57	3.25	4.71
濮阳市	3.22	3.4	3.07	3.26
漯河市	2.21	1.84	2.51	2.47
济源市	2.20	1.34	2.97	0.67
三门峡市	1.91	2.06	1.80	1.24
鹤壁市	1.43	1.52	1.35	1.35
省直辖县级行政区划	0.09	0.13	0.04	0.22

二、就业状况分析

（一）调查就业率及毕业去向

1. 总体及不同学历毕业生就业率 [①]

河南省 2017 届高校毕业生调研就业率与毕业当年就业率存在差异。其

---

① 就业率 =（在国内单位就业人数 + 自主创业人数 + 自由职业人数 + 在国内求学人数 + 出国 / 出境人数）/（毕业生总人数）*100.00%。此小结调研就业率为 2018 年 9 月 13 日—2018 年 11 月 02 日的调研统计分析结果。客观就业率来源于全国高校毕业生就业管理系统数据。

中调研就业率为94.37%。本科毕业生就业率为94.97%，专科毕业生就业率为93.69%，毕业研究生就业率为97.28%。

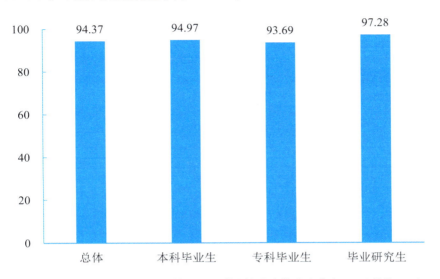

图2-2-1　河南省2017届总体及不同学历毕业生就业率分布　（单位：%）

2. 不同学科门类/专业大类毕业生就业率[①]

河南省2017届本科毕业生不同学科门类的就业率均在92.00%以上。其中，历史学（97.94%）、艺术学（96.51%）和理学（95.67%）本科毕业生的就业率位居前三位。河南省2017届专科毕业生不同专业大类的就业率均在85.00%以上。其中，水利大类（97.74%）、资源开发与测绘大类（95.82%）和制造大类（95.58%）专科毕业生的就业率位居前三位。河南省2017届毕业研究生不同学科门类的就业率均在89.00%以上。其中，医学（100.00%）、工学（99.62%）和管理学（98.81%）毕业研究生的就业率位居前三位。

---

① 此部分就业率为调研结果。

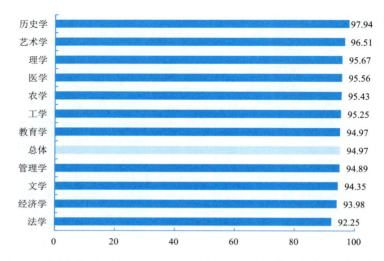

图 2-2-2　河南省 2017 届不同学科门类本科毕业生就业率分布　　（单位：%）

注：哲学样本量较少，不包括在内。

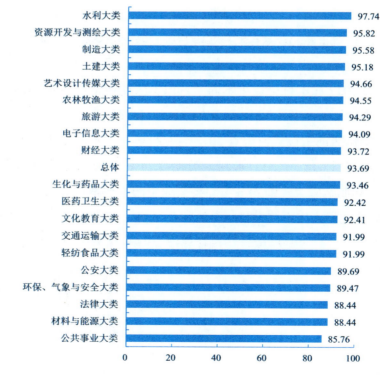

图 2-2-3　河南省 2017 届不同专业大类专科毕业生就业率分布　　（单位：%）

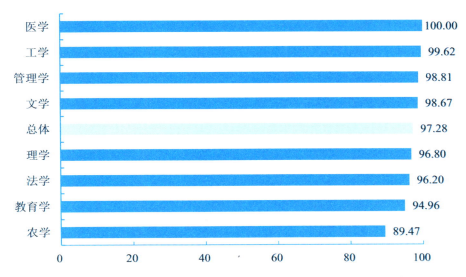

图 2-2-4 河南省 2017 届不同学科门类毕业研究生就业率分布 （单位：%）

注：历史学、艺术学、哲学、经济学等学科门类样本量太少，不包括在内。

3. 总体及不同学历毕业生毕业去向

河南省 2017 届高校毕业生毕业去向中，在国内单位就业的比例（63.44%）最高，其次为在国内求学（16.04%），第三是自由职业（9.04%）。从学历看，毕业研究生毕业去向为在国内单位就业的比例（78.03%）高于本科毕业生（65.95%）和专科毕业生（60.55%）。

表 2-2-1 河南省 2017 届总体及不同学历毕业生毕业去向分布 （单位：%）

毕业去向	总体	本科毕业生	专科毕业生	毕业研究生
在国内单位就业	63.44	65.95	60.55	78.03
在国内求学	16.04	17.36	14.79	14.27
自由职业	9.04	6.57	11.68	2.54
自主创业	4.50	3.64	5.45	1.22
出国 / 出境	1.35	1.47	1.23	1.22
未就业	5.63	5.03	6.31	2.72

4. 不同学科门类 / 专业大类毕业生毕业去向

河南省 2017 届不同学科门类本科毕业生毕业去向为在国内单位就业的占比均最高，其中艺术学本科毕业生在国内单位就业比例（76.63%）最高，其次是经济学（68.74%），第三是管理学（68.00%）。河南省 2017 届不同专业大类专科毕业生毕业去向为在国内单位就业的占比均最高，其中制造大类专科毕业生在国内单位就业比例最高（72.19%），其次是水利大类（72.18%），第三是电子信息大类（67.69%）。河南省 2017 届不同学科门类科毕业研究生毕业去向为在国内单位就业的占比均最高，其中医学毕业研究生在国内单位就业比例（86.74%）最高，其次是文学（86.67%），第三是教育学（86.56%）。

表 2-2-2　河南省 2017 届不同学科门类本科毕业生毕业去向分布　（单位：%）

学科门类	在国内单位就业	在国内求学	自由职业	自主创业	出国 / 出境	未就业
艺术学	**76.63**	6.86	6.81	5.12	1.09	3.49
经济学	**68.74**	14.15	7.23	1.76	2.11	6.02
管理学	**68.00**	13.42	6.35	5.42	1.69	5.11
法学	**67.00**	10.96	9.26	5.17	1.97	5.65
工学	**66.28**	20.05	4.57	2.97	1.37	4.75
医学	**63.43**	28.43	2.25	0.39	1.07	4.44
教育学	**63.08**	13.74	14.15	2.82	1.18	5.03
农学	**62.89**	20.78	5.28	2.74	0.55	7.75
理学	**59.87**	25.67	6.91	2.18	1.04	4.33
历史学	**56.19**	29.38	10.82	1.55	0.00	2.06
文学	**50.59**	32.67	6.09	4.33	1.76	4.57

注：哲学样本量太少，不包括在内。

表 2-2-3　河南省 2017 届不同专业大类专科毕业生毕业去向分布　（单位：%）

专业大类	在国内单位就业	在国内求学	自由职业	自主创业	出国/出境	未就业
制造大类	72.19	7.04	10.34	5.14	0.87	4.42
水利大类	72.18	12.03	10.53	3.01	0.00	2.26
电子信息大类	67.69	10.64	11.06	4.11	0.59	5.91
土建大类	65.07	12.08	10.31	6.56	1.16	4.82
交通运输大类	64.53	12.36	8.58	5.15	1.37	8.01
农林牧渔大类	62.87	13.86	8.91	7.92	0.99	5.45
材料与能源大类	61.25	15.63	7.81	3.13	0.63	11.56
艺术设计传媒大类	60.72	12.67	13.39	7.15	0.72	5.34
生化与药品大类	57.60	17.72	13.29	4.43	0.42	6.54
财经大类	57.35	16.25	12.15	6.37	1.60	6.28
轻纺食品大类	57.27	15.73	14.24	3.41	1.34	8.01
医药卫生大类	57.05	22.99	7.51	3.92	0.95	7.58
资源开发与测绘大类	56.27	8.64	20.06	10.31	0.56	4.18
环保、气象与安全大类	53.95	22.37	9.21	3.95	0.00	10.53
文化教育大类	52.70	19.44	15.51	3.17	1.58	7.59
旅游大类	49.60	7.07	26.45	8.76	2.41	5.71
公共事业大类	42.73	18.10	9.20	10.39	5.34	14.24
法律大类	38.19	30.40	10.80	8.04	1.01	11.56
公安大类	37.11	14.95	15.46	18.56	3.61	10.31

表 2-2-4 河南省 2017 届不同学科门类毕业研究生毕业去向分布 （单位：%）

学科门类	在国内单位就业	在国内求学	自由职业	自主创业	出国/出境	未就业
医学	86.74	11.22	1.02	1.02	0.00	0.00
文学	86.67	5.33	2.67	1.33	2.67	1.33
教育学	86.56	5.04	1.68	0.84	0.84	5.04
管理学	84.52	9.52	0.00	2.38	2.38	1.19
法学	78.48	8.86	5.06	3.80	0.00	3.80
工学	77.82	17.67	2.63	0.38	1.13	0.38
农学	68.42	14.04	3.51	3.51	0.00	10.53
理学	67.58	23.29	2.74	0.91	2.28	3.20

注：艺术学等学科门类样本量太少，不包括在内。

（二）就业机会 [①]

1. 总体及不同学历就业机会

河南省 2017 届高校毕业生就业机会得分为 6.67 分。从学历看，专科毕业生就业机会（6.81 分）高于本科毕业生（6.55 分）和毕业研究生（6.03 分）。

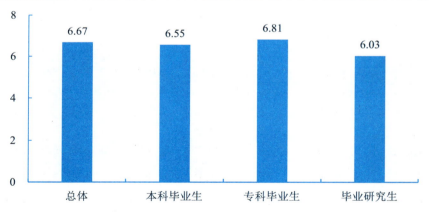

图 2-2-5 河南省 2017 届总体及不同学历毕业生就业机会分布 （单位：分）

---

① 毕业生就业机会的计算：将毕业生就业机会的五个等级分别赋予分值，非常多赋为 4 分，比较多赋为 3 分，一般赋为 2 分，比较少赋为 1 分，非常少赋为 0 分，并采用等权分配计算就业机会的十分制评分结果，分数越高代表就业机会越多。

2. 不同学科门类／专业大类就业机会

河南省 2017 届本科毕业生中，工学的本科毕业生就业机会（6.91 分）最多，其次为艺术学（6.75 分），第三是管理学（6.64 分）。河南省 2017 届专科毕业生中，土建大类的专科毕业生就业机会（7.19 分）最多，其次为旅游大类（7.14 分），第三是农林牧渔大类（7.09）。河南省 2017 届毕业研究生中，工学的毕业研究生就业机会（6.59 分）最多，其次为管理学（6.43 分），第三是医学（6.07 分）。

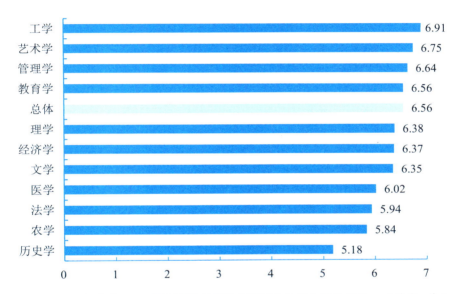

图 2-2-6　河南省 2017 届不同学科门类本科毕业生就业机会分布　（单位：分）

注：哲学样本量太少，不包括在内。

图 2-2-7　河南省 2017 届不同专业大类专科毕业生就业机会分布　（单位：分）

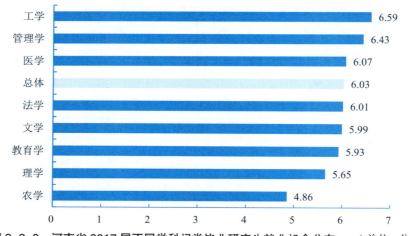

图 2-2-8　河南省 2017 届不同学科门类毕业研究生就业机会分布　（单位：分）

注：艺术学等学科门类样本量太少，不包括在内。

（三）求职过程

1.总体及各学历求职成功途径 [①]

河南省 2017 届高校毕业生获得第一份工作的最主要途径为"学校组织的现场招聘会"（25.88%），其次为"专业化的招聘求职网站"（17.26%），第三是"直接向用人单位申请"（15.37%）。从学历看，本科毕业生及专科毕业生通过"学校组织的现场招聘会"获得第一份工作比例（分别为 21.53%、30.39%）最高；毕业研究生通过"专业化的招聘求职网站"获得第一份工作比例（23.65%）最高。

表 2-2-5　河南省 2017 届总体及不同学历毕业生求职成功途径分布　（单位：%）

求职成功途径	总体	本科毕业生	专科毕业生	毕业研究生
学校组织的现场招聘会	25.88	21.53	30.39	19.78
专业化的招聘求职网站	17.26	21.00	13.35	23.65
直接向用人单位申请	15.37	16.06	14.63	17.43
父母及亲友推荐	10.22	8.37	12.20	5.67
校方（包括导师）的直接推荐	7.65	6.57	8.71	8.02
学校网站发布的就业信息	7.02	7.46	6.54	8.44
校外的现场招聘会	5.62	6.35	4.89	6.09
其他	10.97	12.66	9.29	10.93

2.总体及各学历求职困难

河南省 2017 届高校毕业生求职过程中遇到最主要的困难为"实践经验缺乏"（29.99%），其次为"求职信息渠道少"（19.91%），第三是"知识、技能达不到要求"（13.92%）。从学历看，本科毕业生、专科毕业生及毕业研究生求职过程中遇到最主要的困难均为"实践经验缺乏"（占比分别为

[①] 求职成功途径在此指获得第一份工作的途径。

31.29%、28.74% 和 28.33%)。

表 2-2-6　河南省 2017 届总体及不同学历毕业生求职困难分布　　（单位：%）

求职困难	总体	本科毕业生	专科毕业生	毕业研究生
实践经验缺乏	29.99	31.29	28.74	28.33
求职信息渠道少	19.91	18.07	21.94	13.61
知识、技能达不到要求	13.92	14.72	13.15	13.19
社会关系缺乏	12.89	12.11	13.57	16.25
求职方法技巧缺乏	10.62	10.85	10.30	13.19
其他	12.67	12.96	12.31	15.42

（四）就业地区

1. 总体就业地区分布

就业省（市、区）[1]：河南省 2017 届高校毕业生在省内就业的比例为 64.39%，省外就业的比例为 35.61%。省外比例最高的前 5 位就业省（市、区）依次为北京市（6.63%）、上海市（4.89%）、广东省（4.05%）、浙江省（3.57%）和江苏省（3.32%）。

表 2-2-7　河南省 2017 届高校毕业生就业省（市、区）分布[2]　　（单位：%）

就业省（市、区）	比例	就业省（市、区）	比例
河南省	64.39	四川省	0.61
北京市	6.63	陕西省	0.55
上海市	4.89	江西省	0.53
广东省	4.05	湖南省	0.45

---

[1]　就业省（市、区）：为一级行政区划。

[2]　就业比例未达 0.20% 的就业地区未呈现。

续表

就业省（市、区）	比例	就业省（市、区）	比例
浙江省	3.57	贵州省	0.39
江苏省	3.32	辽宁省	0.35
山东省	1.14	甘肃省	0.34
河北省	1.09	云南省	0.34
湖北省	1.05	广西壮族自治区	0.32
福建省	1.03	重庆市	0.32
安徽省	1.01	内蒙古自治区	0.31
天津市	0.92	海南省	0.28
新疆维吾尔自治区	0.72	吉林省	0.22
山西省	0.64	–	–

2. 各学历就业地区分布

从学历看，本科毕业生在省内就业的比例为57.60%，省外就业比例占42.40%。省外就业比例最高的前5位就业省（市、区）依次为北京市（7.69%）、上海市（5.55%）、广东省（4.81%）、浙江省（4.12%）和江苏省（3.35%）；专科毕业生在省内就业的比例为71.45%，省外就业比例占28.55%，省外就业比例最高的前5位就业省（市、区）依次为北京市（5.54%）、上海市（4.22%）、江苏省（3.31%）、广东省（3.23%）和浙江省（3.06%）；毕业研究生在省内就业的比例为72.41%，省外就业比例占27.59%，省外就业比例最高的前5位就业省（市、区）依次为北京市（4.85%）、广东省（3.96%）、上海市（3.45%）、江苏省（2.55%）和湖北省（1.92%）。

表 2-2-8　河南省 2017 届本科毕业生就业省（市、区）分布[①]　　（单位：%）

就业省（市、区）	比例	就业省（市、区）	比例
河南省	57.60	陕西省	0.70
北京市	7.69	湖南省	0.69
上海市	5.55	江西省	0.63
广东省	4.81	广西壮族自治区	0.54
浙江省	4.12	贵州省	0.53
江苏省	3.35	云南省	0.50
山东省	1.54	辽宁省	0.48
河北省	1.42	甘肃省	0.46
湖北省	1.30	内蒙古自治区	0.43
安徽省	1.17	海南省	0.39
福建省	1.12	重庆市	0.37
天津市	1.11	吉林省	0.32
新疆维吾尔自治区	0.89	青海省	0.22
四川省	0.82	西藏自治区	0.20
山西省	0.71	–	–

表 2-2-9　河南省 2017 届专科毕业生就业省（市、区）分布[②]　　（单位：%）

就业省（市、区）	比例	就业省（市、区）	比例
河南省	71.45	天津市	0.72
北京市	5.54	山西省	0.56
上海市	4.22	新疆维吾尔自治区	0.54

---

① 就业比例未达 0.20% 的就业地区未呈现。
② 就业比例未达 0.20% 的就业地区未呈现。

续表

就业省（市、区）	比例	就业省（市、区）	比例
江苏省	3.31	江西省	0.43
广东省	3.23	四川省	0.39
浙江省	3.06	陕西省	0.39
福建省	0.95	重庆市	0.27
安徽省	0.84	贵州省	0.21
湖北省	0.75	辽宁省	0.21
河北省	0.74	甘肃省	0.21
山东省	0.72	湖南省	0.20

表 2-2-10　河南省 2017 届毕业研究生就业省（市、区）分布[①]　　（单位：%）

就业省（市、区）	比例	就业省（市、区）	比例
河南省	72.41	四川省	0.77
北京市	4.85	山西省	0.51
广东省	3.96	新疆维吾尔自治区	0.51
上海市	3.45	海南省	0.51
江苏省	2.55	陕西省	0.38
湖北省	1.92	重庆市	0.38
浙江省	1.41	湖南省	0.38
安徽省	1.28	广西壮族自治区	0.38
山东省	0.89	福建省	0.26
贵州省	0.89	江西省	0.26
河北省	0.77	内蒙古自治区	0.26
天津市	0.77	–	–

①　就业比例未达 0.20% 的就业地区未呈现。

省内就业城市①：在河南省就业的 2017 届毕业生在郑州市就业的比例（41.38%）最高，其次为南阳市（7.99%），第三是洛阳市（6.73%）。从学历看，本科毕业生在郑州市就业的比例（41.29%）最高，其次为洛阳市（8.19%），第三是信阳市（6.14%）；专科毕业生在郑州市就业的比例（41.08%）最高，其次为南阳市（10.27%），第三是新乡市（6.88%）；毕业研究生在郑州市就业的比例（51.86%）最高，其次为新乡市和信阳市（均为 6.90%）和新乡市（6.73%）。

表 2-2-11　河南省 2017 届总体及不同学历毕业生省内就业地区分布　（单位：%）

省内就业地区	总体	本科毕业生	专科毕业生	毕业研究生
郑州市	41.38	41.29	41.08	51.86
南阳市	7.99	5.59	10.27	3.19
洛阳市	6.73	8.19	5.49	5.66
周口市	5.70	5.19	6.27	2.30
新乡市	5.60	4.10	6.88	6.73
信阳市	4.44	6.14	2.87	6.90
驻马店市	4.37	5.05	3.83	2.66
商丘市	3.70	4.13	3.38	2.30
平顶山市	2.90	3.18	2.68	2.66
焦作市	2.89	2.20	3.51	2.30
开封市	2.81	2.68	2.88	4.07
许昌市	2.75	2.97	2.58	2.30
安阳市	2.40	2.72	2.13	2.30
濮阳市	1.92	2.10	1.78	1.59
漯河市	1.62	1.44	1.77	1.42

---

① 省内就业地区：二级行政区划。

续表

省内就业地区	总体	本科毕业生	专科毕业生	毕业研究生
三门峡市	1.29	1.49	1.15	0.53
鹤壁市	0.99	1.05	0.95	0.71
济源市	0.44	0.40	0.48	0.35
省直辖县级行政区划	0.08	0.11	0.05	0.18

3. 不同学科门类 / 专业大类就业地区分布

河南省 2017 届高校毕业生中，不同学科门类及专业大类毕业生就业地区分布如下。

表 2-2-12　河南省 2017 届不同学科门类本科毕业生就业地区分布　（单位：%）

学科门类	前五就业省（市、区）
医学	河南省（77.46）、广东省（3.43）、浙江省（2.97）、北京市（2.60）、上海市（2.13）
教育学	河南省（75.83）、北京市（3.51）、浙江省（2.31）、江苏省（1.88）、上海市（1.71）
法学	河南省（67.53）、广东省（4.07）、江苏省（3.39）、北京市（2.60）、湖北省（2.38）
历史学	河南省（65.71）、浙江省（7.62）、北京市（4.76）、湖北省（3.81）、江苏省（2.86）
经济学	河南省（64.89）、北京市（5.17）、上海市（5.01）、广东省（4.10）、浙江省（3.57）
理学	河南省（63.56）、北京市（7.23）、上海市（5.00）、浙江省（4.10）、广东省（3.72）
文学	河南省（61.88）、北京市（5.29）、上海市（4.18）、山东省（3.16）、广东省（3.07）
农学	河南省（60.63）、北京市（9.90）、广东省（5.07）、浙江省（4.11）、上海市（2.90）

续表

学科门类	前五就业省（市、区）
管理学	河南省（59.73）、北京市（8.94）、上海市（5.05）、广东省（4.33）、浙江省（4.16）
艺术学	河南省（52.76）、北京市（9.55）、上海市（8.06）、广东省（5.90）、浙江省（4.03）
工学	河南省（44.21）、北京市（10.36）、上海市（8.30）、广东省（7.13）、浙江省（5.76）

注：哲学样本量太少，不包括在内。

表2-2-13　河南省2017届不同专业大类专科毕业生就业地区分布　（单位：%）

专业大类	前五就业省（市、区）
环保、气象与安全大类	河南省（83.33）、湖南省（5.56）、上海市（2.78）、江苏省（2.78）、天津市（2.78）
医药卫生大类	河南省（83.19）、北京市（3.10）、江苏省（1.58）、上海市（1.38）、广东省（1.35）
文化教育大类	河南省（83.11）、北京市（5.38）、广东省（1.91）、上海市（1.91）、江苏省（1.61）
法律大类	河南省（79.73）、安徽省（4.73）、山东省（3.38）、北京市（3.38）、上海市（2.03）
艺术设计传媒大类	河南省（78.79）、上海市（4.47）、北京市（4.31）、广东省（2.71）、浙江省（2.07）
水利大类	河南省（76.34）、安徽省（3.23）、北京市（3.23）、上海市（3.23）、辽宁省（2.15）
公安大类	河南省（75.76）、北京市（6.06）、天津市（3.03）、辽宁省（3.03）、江苏省（3.03）
财经大类	河南省（75.31）、北京市（4.98）、上海市（4.52）、浙江省（3.50）、广东省（2.87）
土建大类	河南省（75.16）、北京市（6.08）、上海市（2.62）、广东省（2.37）、浙江省（2.34）
生化与药品大类	河南省（75.00）、浙江省（4.54）、上海市（4.17）、江苏省（4.17）、北京市（3.41）

续表

专业大类	前五就业省（市、区）
材料与能源大类	河南省（74.86）、广东省（6.70）、上海市（2.79）、江苏省（2.79）、北京市（2.23）
资源开发与测绘大类	河南省（71.50）、北京市（5.38）、广东省（4.30）、上海市（2.69）、山西省（2.69）
轻纺食品大类	河南省（68.41）、江苏省（7.14）、北京市（6.87）、广东省（4.12）、浙江省（3.85）
农林牧渔大类	河南省（61.29）、江苏省（7.26）、浙江省（5.64）、北京市（5.64）、广东省（4.84）
交通运输大类	河南省（60.04）、北京市（5.68）、江苏省（4.67）、湖北省（4.46）、上海市（4.06）
公共事业大类	河南省（59.85）、北京市（10.22）、浙江省（5.84）、江苏省（5.84）、天津市（3.65）
制造大类	河南省（59.71）、江苏省（7.01）、上海市（5.64）、广东省（5.59）、北京市（5.39）
旅游大类	河南省（57.45）、北京市（7.78）、浙江省（5.63）、江西省（4.80）、上海市（4.30）
电子信息大类	河南省（55.37）、上海市（10.69）、北京市（9.67）、浙江省（5.35）、广东省（5.21）

表 2-2-14　河南省 2017 届不同学科门类毕业研究生就业地区分布　（单位：%）

学科门类	前五就业省（市、区）
医学	河南省（91.36）、上海市（2.47）、福建省（1.23）、山西省（1.23）、广东省（1.23）
管理学	河南省（83.58）、海南省（2.99）、北京市（2.99）、浙江省（1.49）、广东省（1.49）
教育学	河南省（82.00）、北京市（3.00）、广东省（3.00）、河北省（2.00）、上海市（2.00）
法学	河南省（81.03）、江苏省（3.45）、湖北省（3.45）、上海市（1.72）、广东省（1.72）
文学	河南省（73.33）、湖北省（5.00）、北京市（3.33）、重庆市（3.33）、广东省（3.33）

续表

学科门类	前五就业省（市、区）
农学	河南省（67.57）、浙江省（5.41）、北京市（5.41）、广东省（2.70）、江苏省（2.70）
理学	河南省（66.67）、北京市（9.93）、上海市（5.67）、江苏省（4.25）、广东省（3.55）
工学	河南省（57.51）、广东省（8.29）、上海市（5.70）、北京市（5.18）、湖北省（3.11）

注：哲学等学科门类样本量太少，不包括在内。

（五）就业行业[①]

1. 总体及各学历主要就业行业门类[②]

河南省 2017 届高校毕业生就业量最大的行业门类是教育（18.32%），其次为信息传输、软件和信息技术服务业（9.55%），第三是制造业（9.12%）。从学历看，本科毕业生、专科毕业生和毕业研究生就业量最大的行业门类均是教育，分别为 24.16%、12.12% 和 31.76%。

图 2-2-9　河南省 2017 届高校毕业生主要就业行业门类分布　（单位：%）

---

① 参考《国民经济行业分类与代码（GB/4754–2011）》中国民经济行业分类。

② 主要就业行业门类：就业量最大的前 10 位行业门类。

图 2-2-10 河南省 2017 届本科毕业生主要就业行业门类分布 （单位：%）

图 2-2-11 河南省 2017 届专科毕业生主要就业行业门类分布 （单位：%）

图 2-2-12　河南省 2017 届毕业研究生主要就业行业门类分布　（单位：%）

2. 不同学科门类／专业大类就业行业门类

河南省 2017 届高校毕业生中，不同学科门类及专业大类毕业生就业行业门类分布如下。

表 2-2-15　河南省 2017 届不同学科门类本科毕业生就业行业门类分布　（单位：%）

学科门类	前五就业行业门类
理学	教育（37.89）、信息传输、软件和信息技术服务业（17.47）、制造业（5.12）、科学研究和技术服务业（4.97）、农、林、牧、渔业（4.72）
工学	信息传输、软件和信息技术服务业（20.59）、制造业（16.97）、建筑业（14.12）、教育（6.67）、电力、热力、燃气及水生产和供应业（5.50）
管理学	教育（14.40）、金融业（13.02）、建筑业（7.91）、信息传输、软件和信息技术服务业（7.56）、制造业（7.56）
农学	农、林、牧、渔业（29.09）、教育（11.14）、公共管理、社会保障和社会组织（7.95）、制造业（6.14）、房地产业（5.91）
文学	教育（57.19）、文化、体育和娱乐业（9.88）、公共管理、社会保障和社会组织（4.08）、信息传输、软件和信息技术服务业（4.03）、批发和零售业（3.57）

续表

学科门类	前五就业行业门类
法学	公共管理、社会保障和社会组织（41.81）、教育（20.35）、居民服务、修理和其他服务业（5.20）、卫生和社会工作（5.09）、金融业（4.54）
医学	卫生和社会工作（84.31）、科学研究和技术服务业（3.50）、公共管理、社会保障和社会组织（2.27）、教育（2.17）、制造业（1.98）
经济学	金融业（28.07）、教育（12.13）、批发和零售业（11.27）、公共管理、社会保障和社会组织（9.40）、信息传输、软件和信息技术服务业（6.46）
艺术学	教育（18.29）、信息传输、软件和信息技术服务业（14.34）、文化、体育和娱乐业（12.29）、建筑业（11.70）、批发和零售业（8.19）
教育学	教育（70.19）、文化、体育和娱乐业（5.98）、信息传输、软件和信息技术服务业（3.46）、公共管理、社会保障和社会组织（2.81）、批发和零售业（2.59）
历史学	教育（78.51）、文化、体育和娱乐业（5.79）、公共管理、社会保障和社会组织（4.96）、金融业（1.65）、制造业（1.65）

注：哲学样本量太少，不包括在内。

表 2-2-16　河南省 2017 届不同专业大类专科毕业生就业行业门类分布（单位：%）

专业大类	前五就业行业门类
文化教育大类	教育（73.77）、农、林、牧、渔业（3.48）、文化、体育和娱乐业（2.48）、批发和零售业（2.36）、制造业（2.08）
医药卫生大类	卫生和社会工作（73.14）、农、林、牧、渔业（5.44）、教育（2.56）、公共管理、社会保障和社会组织（2.32）、科学研究和技术服务业（2.32）
艺术设计传媒大类	教育（20.28）、文化、体育和娱乐业（14.69）、建筑业（10.35）、信息传输、软件和信息技术服务业（7.97）、房地产业（5.17）
交通运输大类	交通运输、仓储和邮政业（34.21）、建筑业（11.07）、批发和零售业（6.44）、制造业（6.04）、居民服务、修理和其他服务业（5.63）
财经大类	批发和零售业（14.20）、金融业（13.31）、信息传输、软件和信息技术服务业（8.41）、制造业（8.35）、教育（7.80）

续表

专业大类	前五就业行业门类
制造大类	制造业（31.60）、居民服务、修理和其他服务业（10.15）、电力、热力、燃气及水生产和供应业（6.65）、农、林、牧、渔业（6.29）、信息传输、软件和信息技术服务业（5.75）
公安大类	公共管理、社会保障和社会组织（33.33）、农、林、牧、渔业（10.35）、教育（8.05）、金融业（5.75）、信息传输、软件和信息技术服务业（5.75）
法律大类	公共管理、社会保障和社会组织（24.73）、农、林、牧、渔业（12.09）、教育（8.24）、金融业（6.04）、居民服务、修理和其他服务业（5.50）
公共事业大类	教育（18.52）、信息传输、软件和信息技术服务业（11.11）、居民服务、修理和其他服务业（9.26）、文化、体育和娱乐业（8.03）、农、林、牧、渔业（8.03）
农林牧渔大类	农、林、牧、渔业（52.00）、批发和零售业（5.82）、制造业（5.09）、住宿和餐饮业（4.00）、卫生和社会工作（4.00）
土建大类	建筑业（53.08）、房地产业（6.25）、农、林、牧、渔业（5.94）、制造业（3.88）、批发和零售业（3.65）
电子信息大类	信息传输、软件和信息技术服务业（39.63）、制造业（9.04）、批发和零售业（5.85）、教育（5.59）、文化、体育和娱乐业（4.38）
旅游大类	住宿和餐饮业（18.45）、租赁和商务服务业（14.70）、居民服务、修理和其他服务业（14.70）、信息传输、软件和信息技术服务业（6.30）、教育（5.53）
资源开发与测绘大类	建筑业（31.80）、采矿业（15.48）、制造业（9.21）、水利、环境和公共设施管理业（5.44）、信息传输、软件和信息技术服务业（5.02）
生化与药品大类	制造业（24.84）、科学研究和技术服务业（10.00）、农、林、牧、渔业（9.35）、卫生和社会工作（8.71）、教育（8.39）
水利大类	建筑业（31.37）、水利、环境和公共设施管理业（23.53）、制造业（6.86）、公共管理、社会保障和社会组织（6.86）、教育（5.88）
轻纺食品大类	制造业（25.11）、农、林、牧、渔业（15.07）、住宿和餐饮业（10.50）、批发和零售业（9.59）、教育（5.25）

续表

专业大类	前五就业行业门类
环保、气象与安全大类	教育（23.68）、水利、环境和公共设施管理业（15.79）、批发和零售业（13.16）、信息传输、软件和信息技术服务业（10.53）、建筑业（7.90）
材料与能源大类	电力、热力、燃气及水生产和供应业（40.00）、制造业（25.41）、采矿业（4.87）、农、林、牧、渔业（3.78）、信息传输、软件和信息技术服务业（3.24）

表 2-2-17　河南省 2017 届不同学科门类毕业研究生就业行业门类分布（单位：%）

学科门类	前五就业行业门类
工学	制造业（22.28）、教育（13.59）、信息传输、软件和信息技术服务业（13.04）、科学研究和技术服务业（12.50）、建筑业（8.70）
理学	教育（28.57）、科学研究和技术服务业（23.57）、卫生和社会工作（12.14）、制造业（8.57）、农、林、牧、渔业（5.71）
教育学	教育（84.85）、公共管理、社会保障和社会组织（9.09）、卫生和社会工作（3.03）、交通运输、仓储和邮政业（1.01）、科学研究和技术服务业（1.01）
医学	卫生和社会工作（92.00）、教育（2.67）、军队（1.33）、信息传输、软件和信息技术服务业（1.33）、国际组织（1.33）
管理学	教育（20.31）、公共管理、社会保障和社会组织（18.75）、金融业（14.06）、卫生和社会工作（7.81）、文化、体育和娱乐业（6.25）
法学	公共管理、社会保障和社会组织（32.76）、教育（32.76）、金融业（8.62）、租赁和商务服务业（5.17）、文化、体育和娱乐业（5.17）
文学	教育（53.45）、公共管理、社会保障和社会组织（12.07）、信息传输、软件和信息技术服务业（8.62）、金融业（6.90）、文化、体育和娱乐业（6.90）
农学	教育（26.32）、科学研究和技术服务业（15.79）、信息传输、软件和信息技术服务业（13.16）、农、林、牧、渔业（13.16）、公共管理、社会保障和社会组织（13.16）

注：哲学等学科样本量太少，不包括在内。

3. 总体及各学历主要就业行业大类 [①]

河南省 2017 届高校毕业生就业量最大的行业大类是教育（13.92%），其次为卫生（7.69%），第三是软件和信息技术服务业（4.59%）。从学历看，本科毕业生和毕业研究生就业量最大的行业大类均为教育，分别为 19.02% 和 28.40%；专科毕业生就业量最大的行业大类是卫生（9.94%）。

表 2-2-18　河南省 2017 届高校毕业生主要就业行业大类分布　　（单位：%）

主要就业行业大类	比例	主要就业行业大类	比例
教育	13.92	房地产业	2.35
卫生	7.69	批发业	2.34
软件和信息技术服务业	4.59	房屋建筑业	2.22
互联网和相关服务	4.25	商务服务业	2.19
土木工程建筑业	3.63	金属制品、机械和设备修理业	2.11
零售业	3.26	国家机构	2.08
建筑装饰和其他建筑业	3.02	餐饮业	1.86
农、林、牧、渔专业及辅助性活动	2.97	其他制造业	1.62
其他金融业	2.64	电力、热力生产和供应业	1.61
其他服务业	2.37	货币金融服务	1.58

表 2-2-19　河南省 2017 届本科毕业生主要就业行业大类分布　　（单位：%）

主要就业行业大类	比例	主要就业行业大类	比例
教育	19.02	文化艺术业	2.11
软件和信息技术服务业	5.44	批发业	2.07
互联网和相关服务	5.14	房地产业	2.03
卫生	5.02	房屋建筑业	1.94

[①]　主要就业行业大类：就业量最大的前 20 位行业大类。

续表

主要就业行业大类	比例	主要就业行业大类	比例
国家机构	3.40	建筑装饰和其他建筑业	1.88
土木工程建筑业	3.10	其他服务业	1.87
零售业	2.80	商务服务业	1.86
其他金融业	2.67	电力、热力生产和供应业	1.63
货币金融服务	2.49	金属制品、机械和设备修理业	1.47
农、林、牧、渔专业及辅助性活动	2.36	专业技术服务业	1.47

表2-2-20 河南省2017届专科毕业生主要就业行业大类分布 （单位：%）

主要就业行业大类	比例	主要就业行业大类	比例
卫生	9.94	房地产业	2.68
教育	8.94	批发业	2.64
土木工程建筑业	4.16	其他金融业	2.63
建筑装饰和其他建筑业	4.12	商务服务业	2.52
软件和信息技术服务业	3.86	房屋建筑业	2.50
零售业	3.75	餐饮业	2.35
农、林、牧、渔专业及辅助性活动	3.56	其他制造业	1.91
互联网和相关服务	3.50	电力、热力生产和供应业	1.60
其他服务业	2.87	建筑安装业	1.54
金属制品、机械和设备修理业	2.73	居民服务业	1.39

表2-2-21 河南省2017届毕业研究生主要就业行业大类分布 （单位：%）

主要就业行业大类	比例	主要就业行业大类	比例
教育	28.40	社会工作	2.00
卫生	13.80	中国共产党机关	2.00
专业技术服务业	4.00	电力、热力生产和供应业	1.60

续表

主要就业行业大类	比例	主要就业行业大类	比例
国家机构	4.00	汽车制造业	1.60
软件和信息技术服务业	3.20	商务服务业	1.40
研究和试验发展	3.20	土木工程建筑业	1.20
科技推广和应用服务业	3.00	农、林、牧、渔专业及辅助性活动	1.20
货币金融服务	2.60	房屋建筑业	1.20
互联网和相关服务	2.20	文化艺术业	1.20
其他金融业	2.20	社会保障	1.20

4. 不同学科门类／专业大类就业行业大类

河南省 2017 届高校毕业生中，不同学科门类及专业大类毕业生就业行业大类分布如下。

表 2-2-22　河南省 2017 届不同学科门类本科毕业生就业行业大类分布　　（单位：%）

学科门类	前五就业行业大类
理学	教育（31.29）、互联网和相关服务（9.71）、软件和信息技术服务业（7.54）、农、林、牧、渔专业及辅助性活动（3.21）、专业技术服务业（2.39）
工学	软件和信息技术服务业（9.96）、互联网和相关服务（9.03）、土木工程建筑业（7.45）、教育（5.16）、电力、热力生产和供应业（3.95）
管理学	教育（11.18）、货币金融服务（5.54）、其他金融业（5.48）、零售业（5.16）、房地产业（3.93）
农学	农、林、牧、渔专业及辅助性活动（11.56）、教育（9.54）、畜牧业（7.51）、农业（5.78）、房地产业（5.49）
文学	教育（49.63）、文化艺术业（5.44）、广播、电视、电影和影视录音制作业（3.24）、互联网和相关服务（2.70）、零售业（2.45）
法学	国家机构（33.16）、教育（14.19）、中国共产党机关（7.18）、社会工作（5.81）、其他服务业（3.93）
医学	卫生（82.69）、社会工作（2.66）、研究和试验发展（1.94）、专业技术服务业（1.82）、医药制造业（1.82）

续表

学科门类	前五就业行业大类
经济学	货币金融服务（12.51）、教育（10.17）、其他金融业（10.17）、国家机构（6.35）、批发业（6.06）
艺术学	教育（14.72）、文化艺术业（10.84）、软件和信息技术服务业（9.71）、建筑装饰和其他建筑业（8.59）、互联网和相关服务（5.21）
教育学	教育（62.82）、体育（5.41）、其他金融业（2.47）、软件和信息技术服务业（1.88）、零售业（1.76）
历史学	教育（74.65）、文化艺术业（8.45）、国家机构（2.82）、土木工程建筑业（1.41）、资本市场服务（1.41）

注：哲学样本量太少，不包括在内。

表 2-2-23　河南省 2017 届不同专业大类专科毕业生就业行业大类分布（单位：%）

专业大类	前五就业行业大类
文化教育大类	教育（65.71）、农、林、牧、渔专业及辅助性活动（3.42）、其他服务业（2.51）、零售业（2.17）、农业（1.47）
医药卫生大类	卫生（70.08）、农、林、牧、渔专业及辅助性活动（4.83）、社会工作（4.29）、教育（1.71）、专业技术服务业（1.38）
艺术设计传媒大类	教育（20.07）、文化艺术业（9.85）、建筑装饰和其他建筑业（7.43）、房地产业（3.72）、零售业（3.72）
交通运输大类	铁路运输业（22.42）、土木工程建筑业（6.80）、道路运输业（5.29）、零售业（4.53）、教育（4.03）
财经大类	零售业（8.78）、其他金融业（7.84）、教育（6.22）、批发业（6.17）、互联网和相关服务（4.44）
制造大类	金属制品、机械和设备修理业（10.64）、其他制造业（4.72）、电力、热力生产和供应业（4.62）、农、林、牧、渔专业及辅助性活动（4.44）、汽车制造业（4.18）
公安大类	国家机构（20.34）、农、林、牧、渔专业及辅助性活动（13.56）、中国共产党机关（8.48）、基层群众自治组织及其他组织（6.78）、社会工作（5.08）

续表

专业大类	前五就业行业大类
法律大类	国家机构（11.68）、基层群众自治组织及其他组织（7.30）、农、林、牧、渔专业及辅助性活动（6.57）、教育（5.84）、保险业（3.65）
公共事业大类	教育（14.05）、其他服务业（9.09）、互联网和相关服务（8.26）、零售业（4.96）、商务服务业（4.13）
农林牧渔大类	畜牧业（31.33）、农、林、牧、渔专业及辅助性活动（12.45）、农业（6.44）、批发业（4.72）、卫生（3.86）
土建大类	土木工程建筑业（19.87）、建筑装饰和其他建筑业（18.34）、房屋建筑业（11.86）、建筑安装业（5.94）、房地产业（4.69）
电子信息大类	软件和信息技术服务业（20.56）、互联网和相关服务（14.45）、教育（5.25）、零售业（3.48）、批发业（3.26）
旅游大类	商务服务业（14.41）、其他服务业（9.91）、餐饮业（9.65）、住宿业（7.21）、教育（4.25）
资源开发与测绘大类	土木工程建筑业（25.89）、煤炭开采和洗选业（8.63）、房屋建筑业（5.08）、金属制品、机械和设备修理业（3.55）、商务服务业（3.55）
生化与药品大类	卫生（6.81）、教育（6.38）、有色金属冶炼和压延加工业（5.96）、化学原料和化学制品制造业（5.11）、批发业（4.25）
水利大类	水利管理业（17.57）、土木工程建筑业（16.22）、建筑装饰和其他建筑业（9.46）、教育（8.11）、房屋建筑业（8.11）
轻纺食品大类	农、林、牧、渔专业及辅助性活动（13.98）、纺织服装、服饰业（9.94）、餐饮业（8.08）、零售业（5.59）、食品制造业（4.35）
环保、气象与安全大类	教育（21.05）、生态保护和环境治理业（15.79）、土木工程建筑业（10.53）、群众团体、社会团体和其他成员组织（10.53）、零售业（5.26）
材料与能源大类	电力、热力生产和供应业（36.62）、金属制品、机械和设备修理业（11.27）、有色金属冶炼和压延加工业（4.23）、非金属矿物制品业（3.52）、有色金属矿采选业（3.52）

表 2-2-24　河南省 2017 届不同学科门类毕业研究生就业行业大类分布（单位：%）

学科门类	前五就业行业大类
工学	教育（15.52）、软件和信息技术服务业（6.90）、专业技术服务业（6.90）、汽车制造业（6.03）、土木工程建筑业（5.17）
理学	教育（23.08）、卫生（12.09）、科技推广和应用服务业（10.99）、研究和试验发展（10.99）、专业技术服务业（7.69）
医学	卫生（88.33）、教育（3.33）、社会工作（3.33）、军队（1.67）、软件和信息技术服务业（1.67）
教育学	教育（83.64）、国家机构（3.64）、航空运输业（1.82）、专业技术服务业（1.82）、社会保障（1.82）
管理学	教育（19.15）、国家机构（8.51）、商务服务业（6.38）、其他金融业（6.38）、货币金融服务（6.38）
文学	教育（44.74）、文化艺术业（7.90）、软件和信息技术服务业（5.26）、互联网和相关服务（5.26）、其他金融业（5.26）
法学	教育（27.27）、国家机构（24.24）、中国共产党机关（9.09）、商务服务业（6.06）、居民服务业（6.06）
农学	教育（33.33）、货币金融服务（11.11）、软件和信息技术服务业（7.41）、农、林、牧、渔专业及辅助性活动（7.41）、中国共产党机关（7.41）

注：哲学等学科样本量太少，不包括在内。

（六）就业职业 [①]

1. 总体及各学历主要就业职业大类 [②]

河南省 2017 届高校毕业生的就业量最大的职业大类是"教育／培训／科研"（14.51%），其次是"不便归类的其他人员"（9.29%）、第三是"金融／经济"（8.77%）。从学历看，本科毕业生和毕业研究生从事于"教育／培训／科研"的比例最高，分别为 18.09% 和 25.43%；专科毕业生从事于"医疗

---

① 参考《关于调整全国普通高等学校毕业生就业数据库结构及代码标准的通知》[教学司函〔2014〕1 号]、《中华人民共和国职业分类大典（2015 修订版）》修订而成。

② 主要就业职业大类：就业量最大的前 10 位职业大类。

卫生"的比例最高，为 11.10%。

表 2-2-25　河南省 2017 届毕业生主要就业职业大类分布　　（单位：%）

主要就业职业大类	比例
教育 / 培训 / 科研	14.51
不便归类的其他人员	9.29
金融 / 经济	8.77
医疗卫生	7.77
计算机 / 互联网	7.71
建筑建材	7.28
人力 / 行政 / 营销	6.02
电气 / 电力 / 电子 / 通信	4.03
法律 / 知识产权 / 公务员	3.16
商业服务	3.07

表 2-2-26　河南省 2017 届本科毕业生主要就业职业大类分布　　（单位：%）

主要就业职业大类	比例
教育 / 培训 / 科研	18.09
不便归类的其他人员	8.98
金融 / 经济	8.45
计算机 / 互联网	8.36
人力 / 行政 / 营销	5.25
建筑建材	5.17
法律 / 知识产权 / 公务员	4.67
医疗卫生	4.59
法律法学、教育、咨询、知识产权、社会、宗教工作人员	4.28
电气 / 电力 / 电子 / 通信	3.67

表 2-2-27　河南省 2017 届专科毕业生主要就业职业大类分布　　（单位：%）

主要就业职业大类	比例
医疗卫生	11.10
教育 / 培训 / 科研	10.25
不便归类的其他人员	9.78
建筑建材	9.77
金融 / 经济	9.28
计算机 / 互联网	7.11
人力 / 行政 / 营销	7.02
电气 / 电力 / 电子 / 通信	4.50
商业服务	4.29
化工 / 冶金 / 机械	3.68

表 2-2-28　河南省 2017 届毕业研究生主要就业职业大类分布　　（单位：%）

主要就业职业大类	比例
教育 / 培训 / 科研	25.43
医疗卫生	10.67
法律 / 知识产权 / 公务员	7.12
科研人员、工程技术人员	5.93
法律法学、教育、咨询、知识产权、社会、宗教工作人员	5.80
不便归类的其他人员	5.01
金融 / 经济	4.48
计算机 / 互联网	4.48
化工 / 冶金 / 机械	3.16
农 / 林 / 牧 / 渔 / 水利	2.50

2. 不同学科门类 / 专业大类就业职业大类

河南省 2017 届高校毕业生中，不同学科门类及专业大类毕业生就业职业大类分布如下。

表2-2-29　河南省2017届不同学科门类本科毕业生就业职业大类分布　　（单位：%）

学科门类	前五就业职业大类
理学	教育 / 培训 / 科研（30.63）、计算机 / 互联网（12.48）、不便归类的其他人员（10.32）、法律法学、教育、咨询、知识产权、社会、宗教工作人员（6.32）、金融 / 经济（6.32）
工学	计算机 / 互联网（15.97）、建筑建材（11.44）、不便归类的其他人员（10.06）、电气 / 电力 / 电子 / 通信（9.12）、化工 / 冶金 / 机械（6.00）
管理学	金融 / 经济（18.68）、不便归类的其他人员（11.34）、教育 / 培训 / 科研（11.10）、人力 / 行政 / 营销（10.86）、人力行政、财会、经济、金融专业人员（8.21）
农学	农 / 林 / 牧 / 渔 / 水利（19.95）、不便归类的其他人员（14.96）、人力 / 行政 / 营销（10.22）、教育 / 培训 / 科研（8.98）、金融 / 经济（7.23）
文学	教育 / 培训 / 科研（44.16）、法律法学、教育、咨询、知识产权、社会、宗教工作人员（10.19）、文化传媒（6.07）、人力 / 行政 / 营销（4.83）、不便归类的其他人员（4.38）
法学	法律 / 知识产权 / 公务员（47.34）、教育 / 培训 / 科研（13.51）、法律法学、教育、咨询、知识产权、社会、宗教工作人员（9.24）、不便归类的其他人员（6.47）、公务员、军人警察、消防、安保人员（3.58）
医学	医疗卫生（84.40）、医药卫生专业人员（4.09）、不便归类的其他人员（2.85）、法律 / 知识产权 / 公务员（1.81）、教育 / 培训 / 科研（1.71）
经济学	金融 / 经济（31.23）、不便归类的其他人员（9.97）、教育 / 培训 / 科研（9.19）、人力 / 行政 / 营销（8.33）、法律 / 知识产权 / 公务员（7.24）
艺术学	艺术 / 体育（16.09）、不便归类的其他人员（15.78）、教育 / 培训 / 科研（13.09）、计算机 / 互联网（8.24）、建筑建材（6.39）
教育学	教育 / 培训 / 科研（57.23）、法律法学、教育、咨询、知识产权、社会、宗教工作人员（16.03）、人力 / 行政 / 营销（2.88）、金融 / 经济（2.79）、不便归类的其他人员（2.44）
历史学	教育 / 培训 / 科研（52.94）、法律法学、教育、咨询、知识产权、社会、宗教工作人员（22.55）、文化传媒（3.92）、不便归类的其他人员（2.94）、法律 / 知识产权 / 公务员（2.94）

注：哲学样本量太少，不包括在内。

表 2-2-30 河南省 2017 届不同专业大类专科毕业生就业职业大类分布（单位：%）

专业大类	前五就业职业大类
文化教育大类	教育／培训／科研（68.14）、法律法学、教育、咨询、知识产权、社会、宗教工作人员（6.19）、不便归类的其他人员（4.23）、金融／经济（4.12）、人力／行政／营销（3.87）
医药卫生大类	医疗卫生（70.30）、医药卫生专业人员（9.94）、金融／经济（5.87）、不便归类的其他人员（1.80）、教育／培训／科研（1.33）
艺术设计传媒大类	艺术／体育（17.63）、教育／培训／科研（14.17）、不便归类的其他人员（8.90）、人力／行政／营销（7.25）、文化传媒（6.75）
交通运输大类	交通运输（32.18）、不便归类的其他人员（10.80）、建筑建材（10.15）、人力／行政／营销（9.07）、金融／经济（5.62）
财经大类	金融／经济（22.18）、不便归类的其他人员（20.24）、人力／行政／营销（14.16）、教育／培训／科研（6.25）、商业服务（5.61）
制造大类	化工／冶金／机械（16.16）、电气／电力／电子／通信（14.49）、不便归类的其他人员（10.17）、金融／经济（8.05）、人力／行政／营销（5.99）
公安大类	法律／知识产权／公务员（49.23）、金融／经济（23.08）、人力／行政／营销（6.15）、教育／培训／科研（4.61）、计算机／互联网（4.61）
法律大类	法律／知识产权／公务员（24.31）、教育／培训／科研（11.81）、金融／经济（11.81）、不便归类的其他人员（11.11）、人力／行政／营销（9.72）
公共事业大类	人力／行政／营销（21.05）、教育／培训／科研（18.05）、金融／经济（12.03）、不便归类的其他人员（11.28）、计算机／互联网（7.52）
农林牧渔大类	农／林／牧／渔／水利（37.96）、不便归类的其他人员（16.33）、医疗卫生（11.02）、人力／行政／营销（10.20）、电气／电力／电子／通信（3.26）
土建大类	建筑建材（51.85）、金融／经济（6.68）、不便归类的其他人员（6.56）、人力／行政／营销（4.36）、建筑设计及施工人员、房地产服务人员（4.30）
电子信息大类	计算机／互联网（39.20）、电气／电力／电子／通信（7.75）、不便归类的其他人员（7.66）、人力／行政／营销（5.31）、教育／培训／科研（4.21）
旅游大类	商业服务（38.14）、不便归类的其他人员（14.24）、人力／行政／营销（12.71）、金融／经济（6.78）、教育／培训／科研（4.41）

专业大类	前五就业职业大类
资源开发与测绘大类	建筑建材（21.91）、地质勘测/矿山石油（16.85）、不便归类的其他人员（10.67）、人力/行政/营销（8.43）、电气/电力/电子/通信（5.06）
生化与药品大类	化工/冶金/机械（23.94）、医疗卫生（13.13）、教育/培训/科研（10.04）、人力/行政/营销（10.04）、不便归类的其他人员（10.04）
水利大类	建筑建材（26.09）、农/林/牧/渔/水利（22.83）、不便归类的其他人员（9.78）、人力/行政/营销（8.70）、法律/知识产权/公务员（5.44）
轻纺食品大类	轻工业生产制造（16.95）、金融/经济（14.12）、不便归类的其他人员（11.30）、人力/行政/营销（9.89）、标准化/质量/安全/检验（7.91）
环保、气象与安全大类	环境/资源保护（22.86）、教育/培训/科研（20.00）、人力/行政/营销（11.43）、不便归类的其他人员（8.57）、商业服务（5.71）
材料与能源大类	电气/电力/电子/通信（41.52）、化工/冶金/机械（19.88）、不便归类的其他人员（6.43）、计算机/互联网（3.51）、人力/行政/营销（3.51）

表 2-2-31　河南省 2017 届不同学科门类毕业研究生就业职业大类分布 （单位：%）

学科门类	前五就业职业大类
工学	科研人员、工程技术人员（14.36）、化工/冶金/机械（9.57）、计算机/互联网（8.51）、教育/培训/科研（8.51）、电气/电力/电子/通信（7.45）
理学	教育/培训/科研（21.90）、医疗卫生（13.14）、科研人员、工程技术人员（11.68）、不便归类的其他人员（7.30）、法律法学、教育、咨询、知识产权、社会、宗教工作人员（6.57）
教育学	教育/培训/科研（66.33）、法律法学、教育、咨询、知识产权、社会、宗教工作人员（16.33）、法律/知识产权/公务员（4.08）、人力/行政/营销（4.08）、公务员、军人警察、消防、安保人员（3.06）
医学	医疗卫生（76.62）、医药卫生专业人员（19.48）、教育/培训/科研（2.60）、计算机/互联网（1.30）、合计（7700.00）
管理学	教育/培训/科研（24.62）、不便归类的其他人员（15.38）、金融/经济（13.85）、人力行政、财会、经济、金融专业人员（13.85）、法律/知识产权/公务员（9.23）

续表

学科门类	前五就业职业大类
文学	教育/培训/科研（38.60）、法律法学、教育、咨询、知识产权、社会、宗教工作人员（8.77）、法律/知识产权/公务员（8.77）、计算机/互联网（7.02）、不便归类的其他人员（5.26）
法学	法律/知识产权/公务员（37.50）、教育/培训/科研（28.57）、法律法学、教育、咨询、知识产权、社会、宗教工作人员（7.14）、不便归类的其他人员（7.14）、金融/经济（5.36）
农学	教育/培训/科研（27.78）、农/林/牧/渔/水利（16.67）、金融/经济（13.89）、计算机/互联网（11.11）、法律/知识产权/公务员（8.33）

注：哲学等学科样本量太少，不包括在内。

3. 总体及各学历主要就业职业小类 [1]

河南省 2017 届高校毕业生就业量最大的职业小类是"教学"（10.08%），其次为"不便归类的其他人员"（8.32%），第三是"计算机软件技术"（4.82%）。从学历看，本科毕业生和毕业研究生就业量最大的职业小类是"教学"（占比分别为 13.54% 和 19.96%）；专科毕业生就业量最大的职业小类是"不便归类的其他人员"（8.30%）。

表 2-2-32　河南省 2017 届毕业生主要就业职业小类分布　　　（单位：%）

主要就业职业小类	比例	主要就业职业小类	比例
教学	10.08	行政办公	2.40
不便归类的其他人员	8.32	销售	2.28
计算机软件技术	4.82	银行	1.97
其他金融/经济人员	4.17	培训	1.93
建筑工程技术	3.92	机械制造加工/维修/操作	1.50
互联网	2.94	建材工程技术	1.41

---

[1]　主要就业职业小类：就业量最大的前 20 位职业小类。

续表

主要就业职业小类	比例	主要就业职业小类	比例
护理人员	2.89	教学管理 / 行政	1.39
经济	2.79	道路 / 轨道运输	1.37
建筑施工人员	2.71	人力资源	1.31
公务员	2.64%	中小学教育教师	1.25

表 2-2-33　河南省 2017 届本科毕业生主要就业职业小类分布　（单位：%）

主要就业职业小类	比例	主要就业职业小类	比例
教学	13.54	中小学教育教师	2.15
不便归类的其他人员	8.51	行政办公	2.12
计算机软件技术	5.60	建筑施工人员	2.11
公务员	4.18	销售	1.70
其他金融 / 经济人员	3.42	教学管理 / 行政	1.59
互联网	3.07	人力资源	1.51
建筑工程技术	2.85	艺术设计	1.49
银行	2.72	护理人员	1.20
经济	2.50	西医医师	0.96
培训	2.38	机械工程技术	0.94

表 2-2-34　河南省 2017 届专科毕业生主要就业职业小类分布　（单位：%）

主要就业职业小类	比例	主要就业职业小类	比例
不便归类的其他人员	8.30	行政办公	2.73
教学	6.22	建材工程技术	2.34
建筑工程技术	5.08	机械制造加工 / 维修 / 操作	2.17
其他金融 / 经济人员	5.05	道路 / 轨道运输	1.95
护理人员	4.69	培训	1.51

续表

主要就业职业小类	比例	主要就业职业小类	比例
计算机软件技术	4.05	医疗卫生技师	1.43
建筑施工人员	3.4	其他医疗卫生人员	1.40
经济	3.15	其他社会生活服务人员	1.39
销售	2.94	其他轻工业生产制造人员	1.30
互联网	2.87	中介／营业人员	1.20

表 2-2-35　河南省 2017 届毕业研究生主要就业职业小类分布　　（单位：%）

主要就业职业小类	比例	主要就业职业小类	比例
教学	19.96	机械工程技术	1.73
教学管理／行政	6.72	科研	1.73
公务员	6.33	互联网	1.34
西医医师	4.99	行政办公	1.34
计算机软件技术	4.03	道路／轨道运输	1.34
不便归类的其他人员	3.07	法律	1.34
高等教育教师	2.88	水利	1.34
银行	2.69	环境保护／监测	1.15
中小学教育教师	2.11	化工产品生产	1.15
建筑工程技术	1.73	其他金融／经济人员	0.96

4. 不同学科门类／专业大类就业职业小类

河南省 2017 届高校毕业生中，不同学科门类及专业大类毕业生就业职业小类分布如下。

表 2-2-36　河南省 2017 届不同学科门类本科毕业生就业职业小类分布　（单位：%）

学科门类	前五就业职业小类
理学	教学（23.43）、不便归类的其他人员（9.37）、计算机软件技术（8.53）、中小学教育教师（3.76）、培训（3.30）
工学	计算机软件技术（11.95）、不便归类的其他人员（9.87）、建筑工程技术（6.54）、建筑施工人员（5.33）、互联网（4.83）
管理学	不便归类的其他人员（10.46）、教学（7.53）、经济（7.50）、其他金融 / 经济人员（6.75）、银行（5.59）
农学	不便归类的其他人员（12.29）、教学（7.64）、畜牧 / 草业（7.64）、人力资源（6.98）、农业（5.98）
文学	教学（35.92）、中小学教育教师（6.02）、培训（5.47）、不便归类的其他人员（3.43）、教学管理 / 行政（3.05）
法学	公务员（41.09）、教学（11.09）、法律（11.09）、不便归类的其他人员（4.00）、行政办公（2.91）
医学	护理人员（28.42）、西医医师（22.47）、医疗卫生技师（13.99）、其他医疗卫生人员（7.44）、药学技术人员（5.06）
经济学	银行（14.07）、不便归类的其他人员（9.74）、其他金融 / 经济人员（7.90）、经济（6.82）、公务员（6.39）
艺术学	艺术设计（17.48）、不便归类的其他人员（16.56）、教学（9.35）、互联网（4.88）、计算机软件技术（3.45）
教育学	教学（49.56）、中小学教育教师（8.28）、培训（4.89）、教学管理 / 行政（3.89）、其他金融 / 经济人员（2.26）
历史学	教学（53.62）、中小学教育教师（13.04）、公务员（4.35）、科研（2.90）、其他办事人员和有关人员（1.45）

注：哲学样本量太少，不包括在内。

表 2-2-37　河南省 2017 届不同专业大类专科毕业生就业职业小类分布（单位：%）

专业大类	前五就业职业小类
文化教育大类	教学（58.37）、教学管理 / 行政（5.17）、不便归类的其他人员（3.37）、培训（3.20）、中小学教育教师（3.04）
医药卫生大类	护理人员（36.54）、医疗卫生技师（11.25）、其他医疗卫生人员（7.30）、西医医师（6.48）、其他金融 / 经济人员（5.40）

续表

专业大类	前五就业职业小类
艺术设计传媒大类	艺术设计（15.14）、教学（7.89）、不便归类的其他人员（6.18）、建筑工程技术（3.84）、培训（3.84）
交通运输大类	道路/轨道运输（31.29）、不便归类的其他人员（8.38）、建筑工程技术（7.54）、销售（4.47）、行政办公（3.63）
财经大类	不便归类的其他人员（19.11）、经济（10.42）、其他金融/经济人员（9.35）、行政办公（6.55）、销售（5.00）
制造大类	机械制造加工/维修/操作（11.27）、不便归类的其他人员（7.59）、机械工程技术（5.69）、其他金融/经济人员（5.07）、道路/轨道运输（4.38）
公安大类	公务员（45.83）、其他金融/经济人员（20.83）、经济（6.25）、法律（4.17）、不便归类的其他人员（4.17）
法律大类	法律（14.89）、公务员（12.77）、不便归类的其他人员（8.51）、行政办公（7.45）、销售（6.38）
公共事业大类	其他金融/经济人员（7.84）、行政办公（7.84）、人力资源（7.84）、教学（7.84）、不便归类的其他人员（5.88）
农林牧渔大类	畜牧/草业（30.98）、不便归类的其他人员（17.94）、农业（5.44）、销售（4.35）、人力资源（3.80）
土建大类	建筑工程技术（25.51）、建筑施工人员（17.11）、建材工程技术（11.35）、不便归类的其他人员（5.37）、其他金融/经济人员（4.03）
电子信息大类	计算机软件技术（26.24）、互联网（11.41）、不便归类的其他人员（4.50）、计算机硬件技术（3.48）、销售（2.60）
旅游大类	旅游/公共游览场所服务（20.61）、酒店（11.72）、不便归类的其他人员（10.51）、销售（5.46）、中介/营业人员（4.44）
资源开发与测绘大类	建筑施工人员（10.27）、建筑工程技术（8.22）、矿山技术（6.85）、矿物开采（6.85）、不便归类的其他人员（6.16）
生化与药品大类	不便归类的其他人员（8.53）、冶金工程技术（8.06）、教学（6.64）、化工技术（6.64）、销售（5.69）
水利大类	水利（23.53）、建筑工程技术（11.77）、建材工程技术（8.82）、建筑施工人员（7.35）、不便归类的其他人员（5.88）

续表

专业大类	前五就业职业小类
轻纺食品大类	纺织/服饰制作（13.96）、其他金融/经济人员（12.83）、不便归类的其他人员（9.81）、艺术设计（4.53）、餐饮（4.15）
环保、气象与安全大类	环境保护/监测（23.81）、培训（9.52）、行政办公（9.52）、互联网（9.52）、其他教学人员（4.76）
材料与能源大类	电力设备制造/安装/检修/供电（20.90）、电力工程技术（11.19）、金属冶炼/轧制加工（8.96）、化工技术（7.46）、冶金工程技术（5.22）

表 2-2-38　河南省 2017 届不同学科门类毕业研究生就业职业小类分布（单位：%）

学科门类	前五就业职业小类
工学	计算机软件技术（9.09）、建筑工程技术（6.82）、机械工程技术（6.82）、不便归类的其他人员（6.06）、教学（5.30）
理学	教学（18.18）、计算机软件技术（5.68）、科研（4.54）、中小学教育教师（4.54）、高等教育教师（3.41）
教育学	教学（59.68）、教学管理/行政（14.52）、中小学教育教师（6.45）、公务员（4.84）、行政办公（3.23）
医学	西医医师（52.08）、中医医师（10.42）、中西医结合医师（8.33）、医疗卫生技术人员（6.25）、临床和口腔医师（6.25）
管理学	教学管理/行政（15.91）、不便归类的其他人员（13.64）、教学（11.36）、公务员（9.09）、其他金融/经济人员（4.54）
法学	公务员（25.64）、教学（23.08）、教学管理/行政（15.38）、法律（15.38）、法官（2.56）
文学	教学（38.46）、公务员（10.26）、中小学教育教师（7.69）、文物/民俗（5.13）、培训（5.13）

注：哲学等学科样本量太少，不包括在内。

（七）就业单位

1. 总体及各学历单位性质

河南省 2017 届高校毕业生就业于"民营企业/个体"的高校毕业生比例（39.59%）最高，其次为"国有企业"（10.48%），第三是"其他事业单位"（10.41%）。从学历看，本科毕业生、专科毕业生和毕业研究生就业于"民营企业/个体"的比例均为最高，分别为37.37%、42.68%和20.70%。

表 2-2-39　河南省 2017 届总体及不同学历毕业生就业单位性质分布　（单位：%）

就业单位性质	总体	本科毕业生	专科毕业生	毕业研究生
民营企业/个体	39.59	37.37	42.68	20.70
国有企业	10.48	11.97	8.77	13.09
其他事业单位	10.41	9.80	11.20	6.86
中初教育单位	10.18	14.66	5.27	12.47
医疗卫生单位	8.48	5.17	11.95	11.60
党政机关	6.89	7.63	6.03	8.60
科研设计单位	2.53	2.62	2.35	4.86
高等教育单位	2.04	1.77	1.77	17.46
三资企业	1.80	1.92	1.65	2.00
部队	0.56	0.63	0.49	0.37
城镇社区	0.25	0.22	0.29	0.13
农村建制村	0.14	0.15	0.13	0.00
其他	6.66	6.11	7.42	1.87

2. 不同学科门类/专业大类就业单位性质

河南省 2017 届高校毕业生中，不同学科门类及专业大类毕业生就业单位性质分布如下。

表 2-2-40　河南省 2017 届不同学科门类本科毕业生就业单位性质分布　（单位：%）

学科门类	前五就业单位性质
工学	民营企业/个体（46.53）、国有企业（19.11）、其他事业单位（8.14）、党政机关（6.36）、科研设计单位（5.11）
理学	民营企业/个体（30.75）、中初教育单位（27.68）、其他事业单位（10.04）、其他（9.00）、国有企业（6.45）
管理学	民营企业/个体（41.52）、国有企业（14.73）、其他事业单位（10.21）、其他（8.63）、党政机关（8.32）

续表

学科门类	前五就业单位性质
农学	民营企业/个体（44.39）、其他事业单位（14.95）、其他（9.35）、国有企业（8.18）、党政机关（7.01）
文学	中初教育单位（36.87）、民营企业/个体（28.30）、其他事业单位（11.15）、党政机关（5.33）、国有企业（5.30）
法学	党政机关（43.38）、民营企业/个体（18.58）、中初教育单位（13.46）、其他事业单位（9.90）、其他（6.45）
医学	医疗卫生单位（78.23）、民营企业/个体（9.30）、国有企业（2.71）、其他事业单位（2.62）、党政机关（2.35）
经济学	民营企业/个体（37.68）、国有企业（18.62）、其他事业单位（12.58）、党政机关（10.87）、其他（7.89）
艺术学	民营企业/个体（55.68）、其他事业单位（12.03）、其他（8.16）、中初教育单位（8.09）、国有企业（6.78）
教育学	中初教育单位（46.59）、民营企业/个体（21.76）、其他事业单位（13.12）、其他（5.23）、高等教育单位（3.40）
历史学	中初教育单位（61.47）、民营企业/个体（25.69）、党政机关（5.50）、国有企业（2.75）、其他事业单位（2.75）

注：哲学样本量太少，不包括在内。

表 2-2-41　河南省 2017 届不同专业大类专科毕业生就业单位性质分布（单位：%）

专业大类	前五就业单位性质
财经大类	民营企业/个体（50.71）、其他（14.05）、其他事业单位（13.35）、国有企业（6.36）、党政机关（4.41）
制造大类	民营企业/个体（53.45）、国有企业（12.14）、其他事业单位（11.57）、其他（5.55）、党政机关（4.90）
土建大类	民营企业/个体（52.50）、国有企业（11.69）、其他事业单位（10.97）、党政机关（7.15）、其他（6.48）
医药卫生大类	医疗卫生单位（70.89）、民营企业/个体（9.97）、党政机关（8.87）、其他事业单位（2.63）、科研设计单位（1.72）

续表

专业大类	前五就业单位性质
电子信息大类	民营企业/个体（54.64）、其他事业单位（12.98）、其他（9.77）、国有企业（6.24）、党政机关（3.17）
文化教育大类	中初教育单位（34.53）、民营企业/个体（26.22）、其他事业单位（16.72）、其他（6.10）、高等教育单位（4.08）
艺术设计传媒大类	民营企业/个体（46.45）、其他事业单位（14.35）、其他（9.72）、国有企业（8.64）、党政机关（6.17）
旅游大类	民营企业/个体（48.61）、其他事业单位（13.75）、党政机关（9.16）、其他（7.53）、国有企业（6.55）
交通运输大类	国有企业（43.48）、民营企业/个体（32.89）、其他事业单位（8.32）、其他（3.78）、党政机关（3.02）
轻纺食品大类	民营企业/个体（60.69）、其他事业单位（9.76）、党政机关（9.23）、其他（4.75）、国有企业（4.49）
生化与药品大类	民营企业/个体（38.95）、国有企业（16.85）、医疗卫生单位（11.24）、其他（9.36）、其他事业单位（8.61）
农林牧渔大类	民营企业/个体（47.22）、其他（13.89）、医疗卫生单位（13.49）、其他事业单位（11.91）、国有企业（4.37）
资源开发与测绘大类	民营企业/个体（38.02）、国有企业（31.25）、其他事业单位（12.50）、党政机关（7.81）、其他（4.69）
材料与能源大类	国有企业（48.15）、民营企业/个体（30.16）、其他事业单位（6.88）、党政机关（4.76）、科研设计单位（3.17）
法律大类	党政机关（42.28）、民营企业/个体（18.12）、其他事业单位（11.41）、其他（5.37）、国有企业（4.70）
公共事业大类	民营企业/个体（54.93）、其他事业单位（10.56）、党政机关（9.86）、中初教育单位（9.16）、其他（6.34）
水利大类	民营企业/个体（39.58）、国有企业（22.92）、其他事业单位（18.75）、党政机关（7.29）、其他（4.17）
公安大类	党政机关（63.23）、其他事业单位（10.29）、民营企业/个体（8.82）、其他（5.88）、高等教育单位（4.41）
环保、气象与安全大类	民营企业/个体（48.78）、其他事业单位（14.63）、中初教育单位（9.76）、医疗卫生单位（7.32）、国有企业（4.88）

表 2-2-42 河南省 2017 届不同学科门类毕业研究生就业单位性质分布（单位：%）

学科门类	前五就业单位性质
工学	民营企业 / 个体（31.47）、国有企业（29.95）、高等教育单位（13.71）、科研设计单位（9.14）、其他事业单位（5.58）
理学	民营企业 / 个体（34.27）、中初教育单位（14.69）、高等教育单位（13.99）、医疗卫生单位（8.39）、科研设计单位（8.39）
教育学	中初教育单位（48.52）、高等教育单位（25.74）、其他事业单位（9.90）、党政机关（6.93）、民营企业 / 个体（5.94）
医学	医疗卫生单位（89.41）、民营企业 / 个体（3.53）、高等教育单位（2.35）、其他事业单位（2.35）、其他（1.18）
管理学	民营企业 / 个体（21.43）、国有企业（21.43）、高等教育单位（20.00）、党政机关（15.71）、其他事业单位（10.00）
文学	中初教育单位（24.19）、高等教育单位（22.58）、党政机关（14.52）、其他事业单位（11.29）、民营企业 / 个体（9.68）
法学	党政机关（32.76）、高等教育单位（27.59）、民营企业 / 个体（13.79）、国有企业（8.62）、其他（8.62）
农学	民营企业 / 个体（34.21）、高等教育单位（13.16）、国有企业（10.53）、其他事业单位（10.53）、科研设计单位（10.53）

注：哲学等学科样本量太少，不包括在内。

3. 总体及各学历就业单位规模

河南省 2017 届高校毕业生在规模为 200 人以内的单位就业的比例为 55.16%。其中，在规模为 50 人及以下的单位就业的占 24.19%。从学历看，本科毕业生在规模为 200 人以内就业的比例为 50.04%，在规模为 50 人及以下的单位就业的占 20.94%；专科毕业生在规模 200 人以内的单位就业的比例为 61.61%，在规模为 50 人及以下的单位就业的占 28.24%；毕业研究生在规模 2001 人及以上的单位就业的比例最高，为 32.34%。

表 2-2-43 河南省 2017 届总体及不同学历毕业生就业单位规模分布 （单位：%）

就业单位规模	总体	本科毕业生	专科毕业生	毕业研究生
50 人及以下	24.19	20.94	28.24	9.45
51–100 人	19.37	17.33	21.91	9.83
101–200 人	11.60	11.77	11.46	10.70
201–300 人	8.11	7.90	8.29	9.33
301–1000 人	13.24	14.21	12.03	17.54
1001–2000 人	6.56	7.82	5.05	10.82
2001 人及以上	16.94	20.04	13.03	32.34

三、就业质量分析

（一）平均月收入

1. 总体及不同学历毕业生平均月收入

河南省 2017 届高校毕业生的平均月收入为 4426 元。本科毕业生的平均月收入为 4744 元，专科毕业生的平均月收入为 4077 元，毕业研究生的平均月收入为 5441 元。

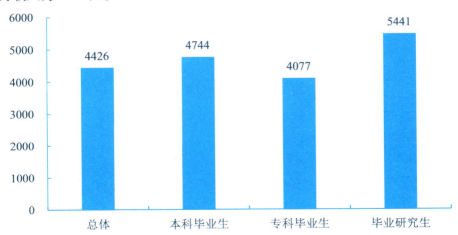

图 2-3-1 河南省 2017 届总体及不同学历毕业生平均月收入分布 （单位：元）

2. 不同学科门类 / 专业大类毕业生平均月收入

河南省 2017 届本科毕业生中，工学的本科毕业生平均月收入（5560 元）最高，其次为艺术学（4840 元），第三是管理学（4798 元）；河南省 2017 届专科毕业生中，电子信息大类的专科毕业生平均月收入（4990 元）最高，其次为交通运输大类（4795 元），第三是农林牧渔大类（4671 元）；河南省 2017 届毕业研究生中，工学的毕业生平均月收入（6434 元）最高，其次为管理学（6290 元），第三是理学（5711 元）。

图 2-3-2　河南省 2017 届不同学科门类本科毕业生平均月收入分布　（单位：元）

注：哲学样本量太少，不包括在内。

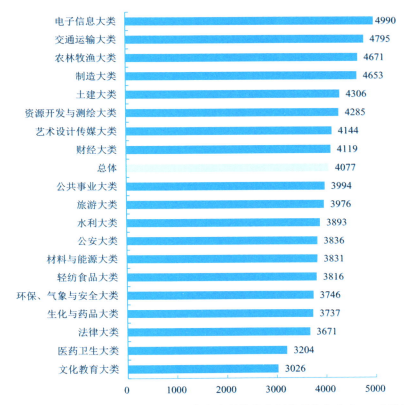

图 2-3-3 河南省 2017 届不同专业大类专科毕业生平均月收入分布 （单位：元）

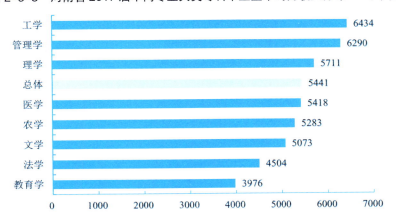

图 2-3-4 河南省 2017 届不同学科门类毕业研究生平均月收入 分布 （单位：元）

注：哲学等学科门类样本量太少，不包括在内。

3. 在主要就业省份^① 毕业生的平均月收入

就业省（市、区）^②：河南省2017届高校毕业生就业人数比例前十省份中，在北京市就业的毕业生平均月收入（6915元）最高，其次为上海市（6898元），第三为广东省（6073元）。

表2-3-1　河南省2017届高校毕业生就业省（市、区）分布　　（单位：%）

就业省（市、区）	平均月收入	就业省（市、区）	平均月收入
北京市	6915	湖北省	5203
上海市	6898	福建省	5048
广东省	6073	山东省	4625
浙江省	5793	河北省	4598
江苏省	5294	河南省	3857

4. 在主要就业行业^③ 毕业生的平均月收入

河南省2017届高校毕业生就业人数比例前十的行业门类中，就业于"信息传输、软件和信息技术服务业"的高校毕业生平均月收入（5807元）最高，其次为"金融业"（5185元）第三是"农、林、牧、渔业"（4730元）。

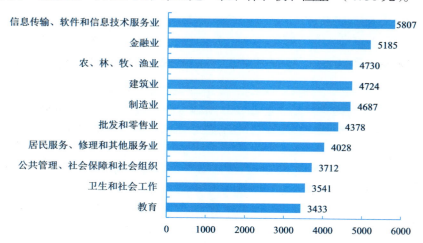

图2-3-5　河南省2017届主要就业行业门类高校毕业生平均月收入分布（单位：元）

---

① 呈现就业比例前十的就业地区。
② 就业省（市、区）：为一级行政区划。
③ 呈现就业比例前十的就业行业门类。

5. 主要就业职业^① 毕业生平均月收入

河南省 2017 届高校毕业生就业人数比例前十的职业大类中，"计算机/互联网"从业人员的平均月收入（6437 元）最高，其次为"金融/经济"从业人员（5033 元），第三是"电气/电力/电子/通信"从业人员（4967元）。

图 2-3-6　河南省 2017 届主要就业职业大类高校毕业生平均月收入分布（单位：元）

6. 不同性质就业单位毕业生平均月收入

河南省 2017 届高校毕业生就业于"三资企业"的平均月收入（5749元）最高，其次为"科研设计单位"（5537 元），第三是"国有企业"（5272元）。

---

① 　呈现就业比例前十的就业职业大类。

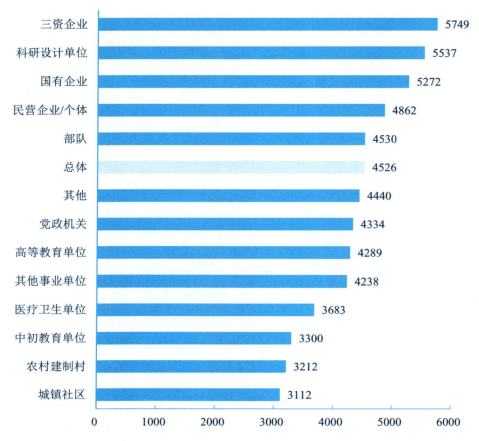

图 2-3-7　河南省 2017 届不同单位性质就业毕业生平均月收入分布（单位：元）

（二）专业相关度 [①]

1. 总体及不同学历专业相关度

河南省 2017 届高校毕业生专业相关度得分为 6.55 分。从学历看，毕业研究生专业相关度（7.08 分）高于本科毕业生（6.51 分）和专科毕业生（6.58 分）。

---

① 毕业生专业相关度的计算：将毕业生专业相关度的五个等级分别赋予分值，很对口赋为 4 分，比较对口赋为 3 分，一般赋为 2 分，比较不对口赋为 1 分，很不对口赋为 0 分，并采用等权分配计算相关度的十分制评分结果，分数越高代表越对口。

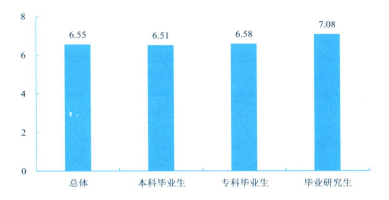

图 2-3-8 河南省 2017 届总体及不同学历毕业生专业相关度分布 （单位：分）

2. 不同学科门类 / 专业大类毕业生专业相关度

河南省 2017 届本科毕业生中，医学的本科毕业生专业相关度（8.10 分）最高，其次为历史学（7.40 分），第三是教育学（7.22 分）；河南省 2017 届专科毕业生中，医药卫生大类的专科毕业生专业相关度（7.98 分）最高，其次为文化教育大类（7.34 分），第三是土建大类（6.93 分）；河南省 2017 届毕业研究生中，医学的毕业研究生专业相关度（8.60 分）最高，其次为教育学（7.79 分），第三是法学（7.50 分）。

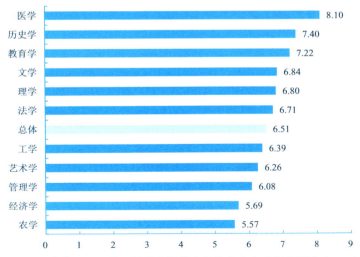

图 2-3-9 河南省 2017 届不同学科门类本科毕业生专业相关度分布 （单位：分）

注：哲学样本量太少，不包括在内。

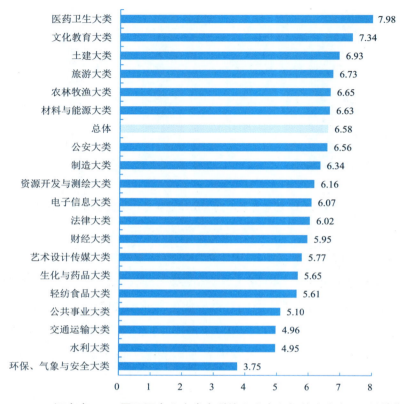

图2-3-10　河南省2017届不同专业大类专科毕业生专业相关度分布　（单位：分）

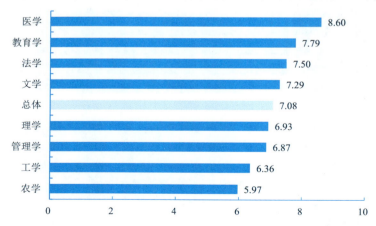

图2-3-11　河南省2017届不同学科门类毕业研究生专业相关度分布　（单位：分）

注：哲学等学科门类样本量太少，不包括在内。

3. 总体及各学历从事与专业无关工作的原因分析

河南省 2017 届高校毕业生从事专业不对口工作的最主要原因是"不想找对口工作,因为个人兴趣"(29.96%),其次为"想找对口工作,但是机会太少"(26.16%),第三是"想找对口工作,但是不符合要求"(18.46%)。从学历看,本科毕业生从事专业不对口工作的最主要原因是"不想找对口工作,因为个人兴趣"(30.50%);专科毕业生从事专业不对口工作的最主要原因是"不想找对口工作,因为个人兴趣"(29.27%);毕业研究生从事专业不对口工作的最主要原因是"想找对口工作,但是机会太少"(48.91%)。

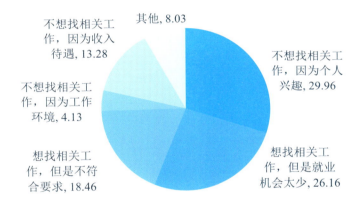

图 2-3-12 河南省 2017 届高校毕业生从事专业不对口工作的原因分布(单位:%)

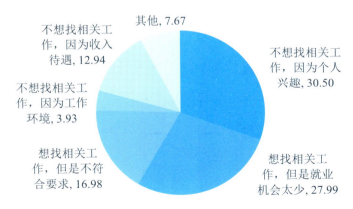

图 2-3-13 河南省 2017 届本科毕业生从事专业不对口工作的原因分布 (单位:%)

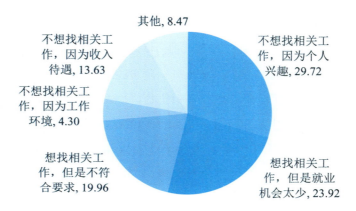

图 2-3-14　河南省 2017 届专科毕业生从事专业不对口工作的原因分布（单位：%）

图 2-3-15　河南省 2017 届毕业研究生从事专业不对口工作的原因分布（单位：%）

（三）职业期待吻合度 [①]

1. 总体及不同学历毕业生职业期待吻合度

河南省 2017 届高校毕业生职业期待吻合度为 6.54 分。专科毕业生职业期待吻合度（6.69 分）高于本科毕业生（6.40 分）和毕业研究生（6.17 分）。

---

①　毕业生职业期待吻合度得分的计算：将毕业生求职时职业期待吻合度的五个等级分别赋予分值，非常吻合赋为 4 分，比较吻合赋为 3 分，一般赋为 2 分，较不吻合赋为 1 分，很不吻合赋为 0 分，并采用等权分配计算吻合度的十分制评分结果，分数越高代表越吻合。

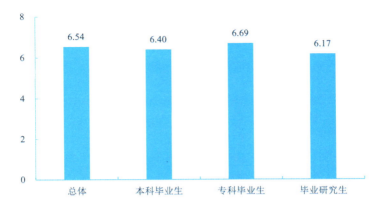

图 2-3-16 河南省 2017 届总体及不同学历毕业生职业期待吻合度分布 （单位：分）

2. 不同学科门类／专业大类毕业生职业期待吻合度

河南省 2017 届本科毕业生中，理学的本科毕业生职业期待吻合度（6.83分）最高，其次为历史学（6.70分），第三是教育学（6.68分）；河南省 2017届专科毕业生中，旅游大类的专科毕业生职业期待吻合度（7.10分）最高，其次为医药卫生和土建大类（均为7.05分），第三是制造大类（6.81分）；河南省 2017 届毕业研究生中，教育学的毕业研究生职业期待吻合度（6.61分）最高，其次是管理学（6.52分），第三是法学（6.37分）。

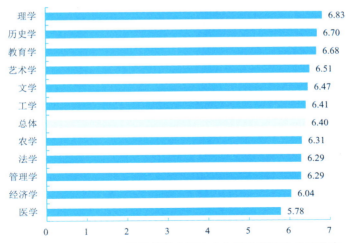

图 2-3-17 河南省 2017 届不同学科门类本科毕业生职业期待吻合度分布 （单位：分）

注：哲学样本量太少，不包括在内。

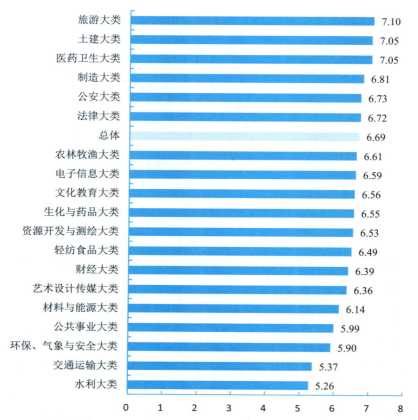

图2-3-18　河南省2017届不同专业大类专科毕业生职业期待吻合度分布（单位：分）

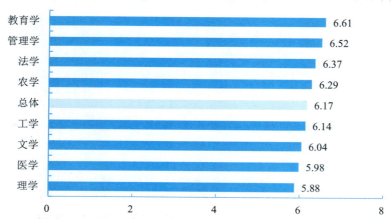

图2-3-19　河南省2017届不同学科门类毕业研究生职业期待吻合度分布（单位：分）

注：哲学等学科门类样本量太少，不包括在内。

（四）就业满意度 [1]

1. 总体及不同学历毕业生就业满意度

毕业生就业满意度细分为总的就业满意度、薪酬、职业发展前景、工作内容 4 个维度的满意度。

河南省 2017 届高校毕业生就业满意度为 6.56 分，其中工作内容满意度（6.74 分）最高。从学历看，专科毕业生就业满意度（6.77 分）高于本科毕业生（6.38 分）和毕业研究生（5.86 分），其中内容满意度在各学历中均最高，分别为 6.58 分、6.92 分、6.10 分。

表 2-3-2   河南省 2017 届总体及不同学历毕业生就业满意度分布 （单位：分）

评价维度	总体	本科毕业生	专科毕业生	毕业研究生
就业满意度	6.56	6.38	6.77	5.86
内容满意度	6.74	6.58	6.92	6.10
职业发展前景满意度	6.71	6.56	6.89	6.03
薪酬满意度	6.13	5.92	6.37	5.18

2. 不同学科门类 / 专业大类毕业生就业满意度

河南省 2017 届本科毕业生中，理学本科毕业生在 4 个评价维度得分均为最高，就业满意度、薪酬满意度、职业发展前景满意度和工作内容满意度得分分别为 6.81 分、6.36 分、6.91 分和 7.01 分；河南省 2017 届专科毕业生中，旅游大类专科毕业生在 4 个评价维度得分均为最高，就业满意度、薪酬满意度、职业发展前景满意度和工作内容满意度得分分别为 7.22 分、7.05分、7.30 分和 7.34 分；河南省 2017 届毕业研究生中，农学毕业研究生就业满意度最高，为 6.46 分，管理学毕业研究生薪酬满意度和职业发展前景满

---

[1] 毕业生就业满意度得分的计算：将毕业生就业满意度的五个等级分别赋予分值，非常满意赋为 4 分，比较满意赋为 3 分，一般赋为 2 分，较不满意赋为 1 分，很不满意赋为 0 分，并采用等权分配计算满意度的十分制评分结果，分数越高代表越满意。

意度得分均最高，分别为 5.86 分和 6.41 分，教育学毕业研究生工作内容满意度均最高，为 6.41 分。

表 2-3-3　河南省 2017 届不同学科门类本科毕业生就业满意度分布　（单位：分）

学科门类	就业满意度	薪酬满意度	职业发展前景满意度	工作内容满意度
理学	6.81	6.36	6.91	7.01
艺术学	6.58	6.18	6.78	6.82
农学	6.52	6.10	6.75	6.68
工学	6.42	6.05	6.60	6.59
教育学	6.40	5.81	6.62	6.69
管理学	6.39	5.99	6.61	6.55
文学	6.31	5.75	6.49	6.55
经济学	6.24	5.82	6.34	6.34
历史学	6.19	5.68	6.39	6.66
法学	6.14	5.35	6.34	6.44
医学	5.43	4.91	5.68	5.76

注：哲学样本量太少，不包括在内。

表 2-3-4　河南省 2017 届不同专业大类专科毕业生就业满意度分布　（单位：分）

专业大类	就业满意度	薪酬满意度	职业发展前景满意度	工作内容满意度
旅游大类	7.22	7.05	7.30	7.34
土建大类	7.11	6.78	7.24	7.23
制造大类	7.04	6.69	7.09	7.07
医药卫生大类	6.87	6.44	7.06	7.11
资源开发与测绘大类	6.72	6.35	6.78	6.77
电子信息大类	6.71	6.39	6.85	6.89

续表

专业大类	就业满意度	薪酬满意度	职业发展前景满意度	工作内容满意度
轻纺食品大类	6.70	6.30	6.70	6.78
财经大类	6.69	6.27	6.75	6.80
生化与药品大类	6.67	6.24	6.65	6.76
艺术设计传媒大类	6.61	6.07	6.71	6.75
公安大类	6.60	6.09	6.64	6.75
法律大类	6.57	6.34	6.98	6.78
农林牧渔大类	6.53	6.25	6.83	6.89
公共事业大类	6.44	5.96	6.44	6.47
环保、气象与安全大类	6.39	5.42	6.49	6.58
材料与能源大类	6.29	5.77	6.46	6.50
文化教育大类	6.25	5.58	6.47	6.59
交通运输大类	5.73	5.34	5.83	5.80
水利大类	5.61	4.92	5.92	5.73

表2-3-5　河南省2017届不同学科门类毕业研究生就业满意度分布 （单位：分）

学科门类	就业满意度	薪酬满意度	职业发展前景满意度	工作内容满意度
农学	6.46	5.07	6.18	6.32
管理学	6.37	5.86	6.41	6.37
文学	6.10	5.55	5.97	5.66
法学	6.00	5.05	6.32	6.32
教育学	5.88	4.92	6.20	6.41
工学	5.79	5.28	5.85	5.98
理学	5.74	4.96	5.97	6.05
医学	5.44	5.13	5.88	6.10

注：哲学等学科门类样本量太少，不包括在内。

（五）工作稳定性

1. 总体及不同学历毕业生的工作稳定性

河南省 2017 届高校毕业生离职率为 44.89%。从学历看，专科毕业生的离职率（48.93%）高于本科毕业生（41.65%）和毕业研究生（29.40%）。

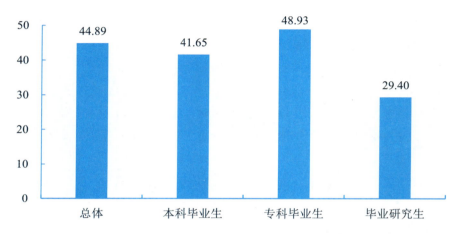

图 2-3-20　河南省 2017 届总体及不同学历毕业生离职率分布　（单位：%）

2. 不同学科门类／专业大类毕业生离职率

河南省 2017 届本科毕业生中，医学的本科毕业生离职率（21.51%）最低，其次为法学（32.27%），第三是工学（40.14%）；河南省 2017 届专科毕业生中，医药卫生大类的专科毕业生离职率（32.01%）最低，其次为材料与能源大类（37.42%），第三是交通运输大类（45.52%）；河南省 2017 届毕业研究生中，医学的毕业研究生离职率（17.33%）最低，其次为工学（24.56%），第三是农学（29.41%）。

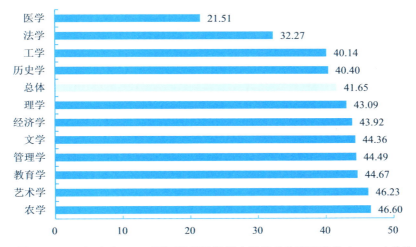

图 2-3-21 河南省 2017 届不同学科门类本科毕业生离职率分布 （单位：%）

注：哲学样本量太少，不包括在内。

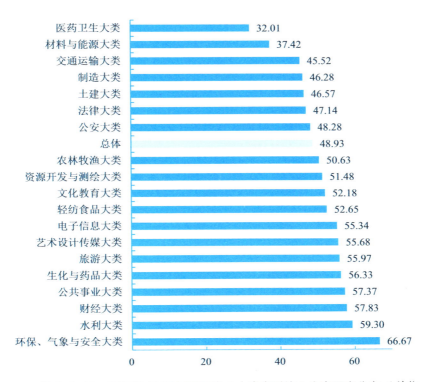

图 2-3-22 河南省 2017 届不同专业大类专科毕业生离职率分布（单位：%）

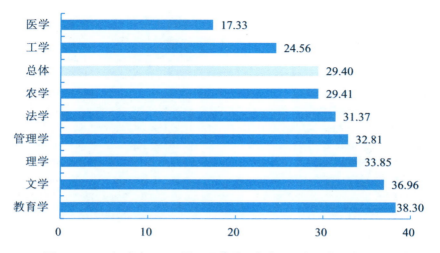

图 2-3-23　河南省 2017 届不同学科门类毕业研究生离职率分布（单位：%）

注：哲学等学科门类样本量太少，不包括在内。

3. 总体及各学历工作不稳定的原因分析

河南省 2017 届高校毕业生因"发展前景有限"离职的比例（30.00%）最高，其次为"工资福利较差"（21.97%），第三是"工作内容不喜欢"（15.79%）。从学历看，毕业研究生因"发展前景有限"离职的比例（30.44%）高于本科毕业生（31.23%）和专科毕业生（28.87%）。

图 2-3-24　河南省 2017 届高校毕业生离职原因分布　　　　　（单位：%）

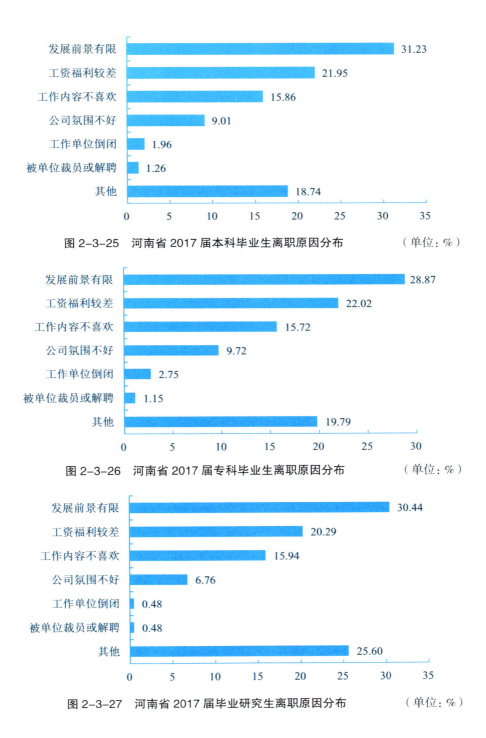

图 2-3-25　河南省 2017 届本科毕业生离职原因分布　　（单位：%）

图 2-3-26　河南省 2017 届专科毕业生离职原因分布　　（单位：%）

图 2-3-27　河南省 2017 届毕业研究生离职原因分布　　（单位：%）

四、升/留学分析 ①

（一）国内升学

1. 总体及各学历国内升学率 ②

河南省 2017 届毕业生国内升学率为 16.04%。从学历来看，本科毕业生国内读研的比例为 17.36%，专科毕业生读本的比例为 14.79%。

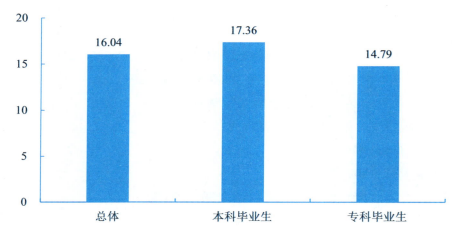

图 2-4-1　河南省 2017 届总体及不同学历毕业生国内升学率分布　　　（单位：%）

2. 总体及各学历国内升学原因

河南省 2017 届毕业生选择国内升学的主要原因是"增加择业资本、站在更高的求职点"（43.49%），其次是"对专业感兴趣，深入学习"（25.56%），第三是"提升综合能力"（23.29%）。分学历来看，本科毕业生和专科毕业生选择国内升学的主要原因均为"增加择业资本、站在更高的求职点"（占比分别为 45.32% 和 41.48%）。

---

① 升/留学分析中，毕业研究生样本较少，因此不纳入报告统计分析范畴。
② 此部分数据分析结果来源于全国高校毕业生就业管理系统数据。

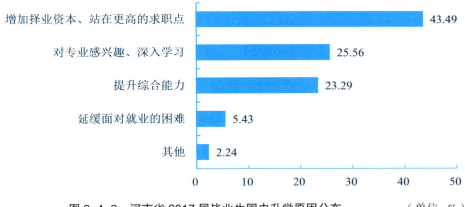

图 2-4-2　河南省 2017 届毕业生国内升学原因分布　　　　（单位：%）

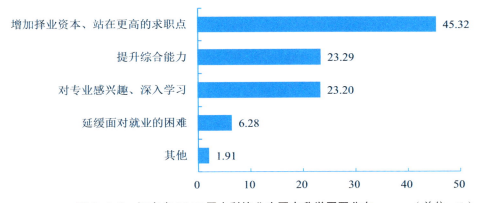

图 2-4-3　河南省 2017 届本科毕业生国内升学原因分布　　（单位：%）

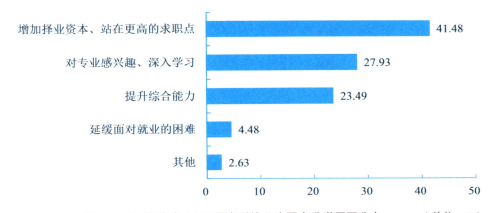

图 2-4-4　河南省 2017 届专科毕业生国内升学原因分布　　（单位：%）

3. 总体及各学历国内升学满意度 ①

河南省2017届高校毕业生国内升学满意度得分为7.19分。从学历看，专科毕业生国内升学满意度（7.36分）高于本科毕业生（7.04分）。

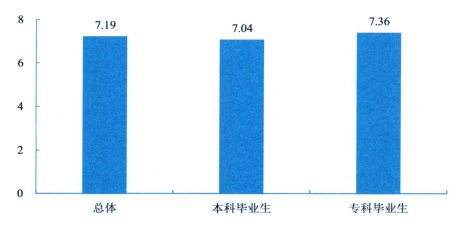

图 2-4-5　河南省2017届总体及不同学历毕业生国内升学满意度分布　（单位：分）

4. 总体及各学历国内升学专业相关度 ②

河南省2017届高校毕业生国内升学专业相关度得分为8.24分。从学历看，专科毕业生国内升学专业相关度（8.48分）高于本科毕业生（8.04分）。

---

① 毕业生国内升学满意度的计算：将毕业生国内升学满意度的五个等级分别赋予分值，很满意赋为4分，比较满意赋为3分，一般赋为2分，比较不满意赋为1分，很不满意赋为0分，并采用等权分配计算满意度的十分制评分结果，分数越高代表越满意。

② 毕业生国内升学专业相关度的计算：将毕业生国内升学专业相关度的五个等级分别赋予分值，很相关赋为4分，比较相关赋为3分，一般赋为2分，比较不相关赋为1分，很不相关赋为0分，并采用等权分配计算相关度的十分制评分结果，分数越高代表越相关。

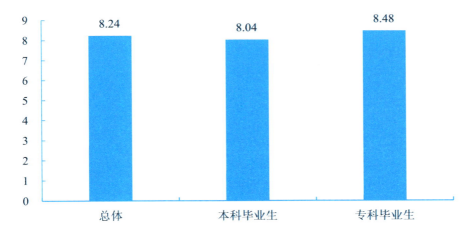

图 2-4-6　河南省 2017 届总体及不同学历毕业生国内升学专业相关度分布　（单位：分）

5. 总体及各学历国内升学跨专业的原因

河南省 2017 届毕业生国内升学跨专业的主要原因是"出于个人兴趣"（35.93%），其次是"就业前景好"（22.89%），第三是"志愿外被调剂"（13.58%）。分学历来看，本科毕业生国内升学跨专业的主要原因是"出于个人兴趣"（40.56%）；专业毕业生国内升学跨专业的主要原因是"就业前景好"（29.94%）。

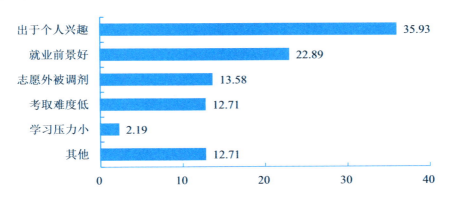

图 2-4-7　河南省 2017 届毕业生国内升学跨专业原因分布　（单位：%）

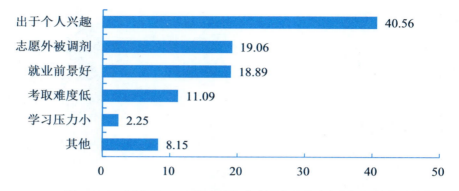

图 2-4-8　河南省 2017 届本科毕业生国内升学跨专业原因分布（单位：%）

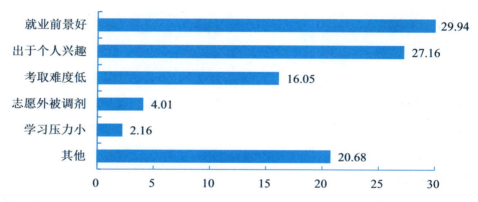

图 2-4-9　河南省 2017 届专科毕业生国内升学跨专业原因分布（单位：%）

（二）出国（境）留学

1. 总体及各学历出国（境）留学率

河南省 2017 届毕业生出国（境）留学率为 0.57%，其中本科毕业生出国（境）留学的比例为 0.79%，专科毕业生出国（境）留学的比例为 0.36%。

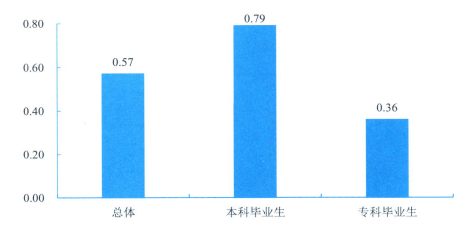

图 2-4-10 河南省 2017 届总体及不同学历毕业生出国（境）留学率分布（单位：%）

2. 总体及各学历出国（境）留学满意度 ①

河南省 2017 届高校毕业生出国（境）留学满意度得分为 7.85 分。从学历看，专科毕业生出国（境）留学满意度（8.26 分）高于本科毕业生（7.66 分）。

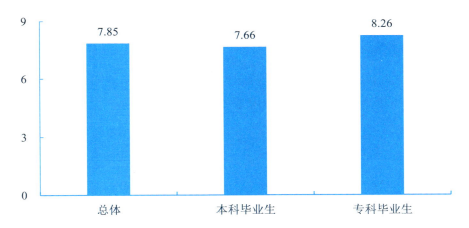

图 2-4-11 河南省 2017 届总体及不同学历毕业生出国（境）留学满意度分布（单位：分）

① 毕业生出国（境）留学满意度的计算：将毕业生出国（境）留学满意度的五个等级分别赋予分值，很满意赋为 4 分，比较满意赋为 3 分，一般赋为 2 分，比较不满意赋为 1 分，很不满意赋为 0 分，并采用等权分配计算满意度的十分制评分结果，分数越高代表越满意。

3. 总体及各学历出国（境）留学专业相关度 ①

河南省 2017 届高校毕业生出国（境）留学专业相关度得分为 7.52 分。从学历看，专科毕业生出国（境）留学专业相关度（8.21 分）高于本科毕业生（7.22 分）。

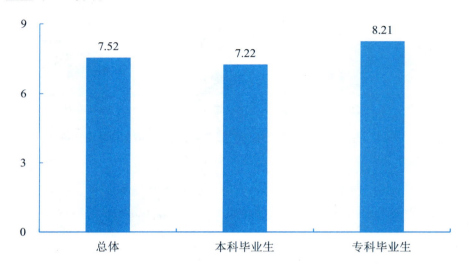

图 2-4-12　河南省 2017 届总体及不同学历毕业生出国（境）留学专业相关度分布（单位：分）

4. 出国（境）留学跨专业的原因

河南省 2017 届毕业生出国（境）留学跨专业的主要原因是"符合新区爱好"（44.62%），其次是"就业前景好"（21.54%），第三是"容易考上"（12.31%）。

---

① 毕业生出国（境）留学专业相关度的计算：将毕业生出国（境）留学专业相关度的五个等级分别赋予分值，很相关赋为 4 分，比较相关赋为 3 分，一般赋为 2 分，比较不相关赋为 1 分，很不相关赋为 0 分，并采用等权分配计算相关度的十分制评分结果，分数越高代表越相关。

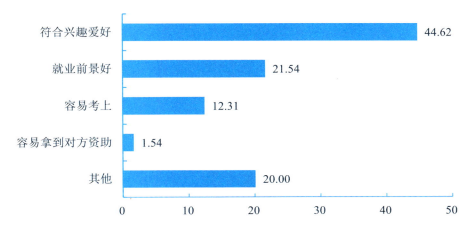

图 2-4-13　河南省 2017 届毕业生出国（境）留学跨专业原因分布　（单位：%）

五、自主创业分析 ①

（一）自主创业毕业生比例

河南省 2017 届高校毕业生自主创业的比例为 4.50%。专科毕业生自主创业的比例（5.45%）高于本科毕业生（3.64%）。

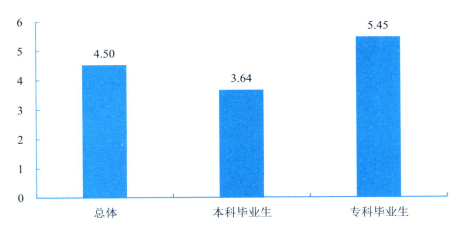

图 2-5-1　河南省 2017 届总体及不同学历毕业生自主创业比例分布　（单位：%）

① 自主创业毕业研究生样本量较少，因此不纳入报告统计分析范畴。

（二）自主创业毕业生性别分布

自主创业的河南省 2017 届高校毕业生中，男生占比为 58.22%，女生占比为 41.78%，男女比例为 1.39：1。

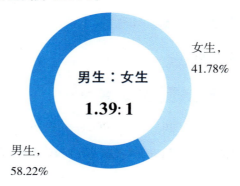

图 2-5-2　河南省 2017 届自主创业高校毕业生性别分布　　（单位：%）

（三）自主创业毕业生学历分布

河南省 2017 届自主创业的高校毕业生中，专科毕业生占比（59.74%）高于本科毕业生占比（40.26%）。

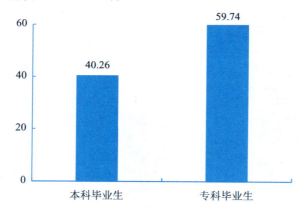

图 2-5-3　河南省 2017 届自主创业高校毕业生学历分布　　（单位：%）

（四）自主创业毕业生学科门类／专业大类分布

自主创业的河南省 2017 届本科毕业生中，管理学（29.32%）、工学

（24.15%）和文学（21.27%）本科毕业生的自主创业比例位居前三位；自主创业的河南省2017届专科毕业生中，财经大类（24.43%）、土建大类（16.58%）和制造大类（12.92%）专科毕业生的自主创业比例位居前三位。

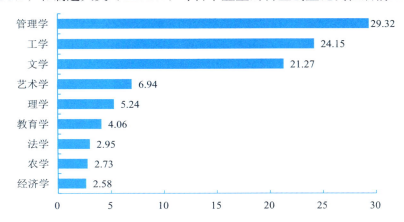

图2-5-4　河南省2017届不同学科门类本科毕业生自主创业比例分布（单位：%）

注：哲学等学科门类样本量太少，不包括在内。

图2-5-5　河南省2017届不同专业大类专科毕业生自主创业比例分布（单位：%）

注：水利大类等专业大类样本量太少，不包括在内。

（五）自主创业毕业生生源地分布

河南省 2017 届自主创业高校毕业生生源地在省内的比例为 78.58%，省外的比例仅为 21.42%。省外比例最高的前 5 位就业省（市、区）依次为北京市（6.06%）、河北省（1.99%）、天津市（1.61%）、山西省（1.58%）和安徽省（1.08%）。

表 2-5-1　河南省 2017 届高校自主创业毕业生生源省（市、区）分布[①]　（单位：%）

生源省（市、区）	比例	生源省（市、区）	比例
河南省	78.58	江西省	0.53
北京市	6.06	湖南省	0.47
河北省	1.99	湖北省	0.47
天津市	1.61	上海市	0.44
山西省	1.58	新疆维吾尔自治区	0.38
安徽省	1.08	吉林省	0.35
内蒙古自治区	0.79	浙江省	0.32
山东省	0.79	黑龙江省	0.32
福建省	0.73	广东省	0.29
甘肃省	0.67	贵州省	0.23
江苏省	0.61	四川省	0.23
辽宁省	0.56	－	－

（六）自主创业原因分析 [②]

河南省 2017 届自主创业高校毕业生中，创业原因主要是"希望通过创业实现个人理想"（56.34%），其次是"对创业充满兴趣、激情"（50.23%），

---

① 生源比例未达 0.20% 的地区未呈现。
② 问卷中该题为多选题，故比例之和大于 100.00%。

第三是"预期可能有更高收入"（37.84%）。从学历看，本科毕业生和专科毕业生创业最主要原因均为"希望通过创业实现个人理想"（占比分别为56.86% 和 55.97%）。

表2-5-2　河南省2017届高校毕业生总体及各学历创业原因分布 （单位：%）

创业原因	总体	本科毕业生	专科毕业生
希望通过创业实现个人理想	56.34	56.86	55.97
对创业充满兴趣、激情	50.23	49.42	50.94
预期可能有更高收入	37.84	39.12	37.00
有好的创业项目	20.09	23.39	17.71
受他人邀请进行创业	11.96	12.16	11.84
未找到合适的工作	7.47	7.51	7.39
其他	3.96	3.64	4.19

（七）自主创业地区分布

河南省2017届自主创业高校毕业生的创业地区主要在河南省（52.24%），其次是北京市（19.68%），第三是天津市（3.87%）。从学历看，自主创业的本科毕业生和专科毕业生创业地区均主要在河南省（占比分别为41.99% 和 58.96%）。

表2-5-3　河南省2017届高校毕业生总体及各学历创业地区分布 （单位：%）

学历	前五自主创业省（市、区）
总体	河南省（52.24）、北京市（19.68）、天津市（3.87）、河北省（2.89）、江苏省（2.38）
本科毕业生	河南省（41.99）、北京市（22.55）、天津市（4.56）、河北省（4.33）、山东省（2.28）
专科毕业生	河南省（58.96）、北京市（17.86）、天津市（3.43）、江苏省（2.56）、河北省（1.94）

（八）自主创业行业分布

河南省 2017 届自主创业高校毕业生的创业行业主要是"农、林、牧、渔业"（22.76%），其次是"批发和零售业"（12.31%），第三是"教育"（9.57%）。从学历看，本科毕业生和专科毕业生创业行业均主要是"农、林、牧、渔业"（占比分别为 24.75% 和 21.54%）。

表 2-5-4　河南省 2017 届高校毕业生总体及各学历自主创业行业分布　（单位：%）

学历	前五自主创业行业
总体	农、林、牧、渔业（22.76）、批发和零售业（12.31）、教育（9.57）、住宿和餐饮业（8.25）、信息传输、软件和信息技术服务业（6.30）
本科毕业生	农、林、牧、渔业（24.75）、教育（13.93）、批发和零售业（10.90）、住宿和餐饮业（6.54）、文化、体育和娱乐业（6.38）
专科毕业生	农、林、牧、渔业（21.54）、批发和零售业（13.25）、住宿和餐饮业（9.41）、建筑业（6.97）、教育（6.54）

（九）自主创业行业与专业相关度 [①]

河南省 2017 届高校毕业生自主创业专业相关度得分为 5.59 分。从学历看，本科自主创业毕业生的专业相关度（5.93 分）高于专科毕业生（5.36 分）。

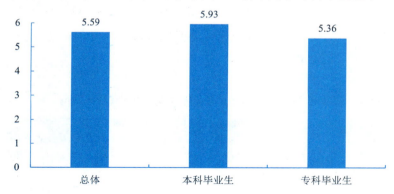

图 2-5-6　河南省 2017 届总体及不同学历毕业生自主创业专业相关度分布　（单位：分）

① 毕业生自主创业专业相关度的计算：将毕业生自主创业专业相关度的五个等级分别赋予分值，很相关赋为 4 分，比较相关赋为 3 分，一般赋为 2 分，比较不相关赋为 1 分，很不相关赋为 0 分，并采用等权分配计算相关度的十分制评分结果，分数越高代表越相关。

（十）自主创业资金来源^①

河南省 2017 届自主创业的高校毕业生中，"父母亲友的支持"是主要的资金来源（58.53%），其次为"个人赚取"（43.62%），第三是"银行及其他金融机构贷款"（32.02%）。从学历看，本科毕业生和专科毕业生的创业资金主要来源均为"父母亲友的支持"（占比分别为 60.98% 和 56.98%）。

图 2-5-7　河南省 2017 届高校毕业生创业资金来源分布　　（单位：%）

图 2-5-8　河南省 2017 届本科毕业生创业资金来源分布　　（单位：%）

---

① 问卷中该题为多选题，故比例之和大于 100.00%。

图 2-5-9　河南省 2017 届专科毕业生创业资金来源分布　　（单位：%）

（十一）自主创业规模

河南省 2017 届毕业生自主创业规模主要在"5 人及以下"（41.60%）。从学历来看，本科毕业生自主创业规模主要在"6-10 人"（38.04%），专科毕业生自主创业规模主要在"5 人及以下"（43.95%）。

表 2-5-5　河南省 2017 届总体及不同学历毕业生自主创业规模分布　　（单位：%）

自主创业规模	总体	本科毕业生	专科毕业生
5 人及以下	41.60	37.97	43.95
6~10 人	33.98	38.04	31.39
11~20 人	10.68	10.79	10.57
21~50 人	3.81	4.12	3.52
51~200 人	4.62	4.58	4.68
201 人及以上	5.31	4.50	5.89

（十二）自主创业目前营业收入

河南省 2017 届毕业生自主创业目前营业收入主要在"0-30 万"（54.74%）。从学历来看，本科毕业生和专科毕业生自主创业目前营业收入均主要在"0~30 万"（占比分别为 49.14% 和 58.45%）。

表2-5-6　河南省2017届总体及不同学历毕业生自主创业目前营业收入分布（单位：%）

自主创业目前营业收入	总体	本科毕业生	专科毕业生
0~30万	54.74	49.14	58.45
31~60万	24.98	28.83	22.49
61~90万	8.82	9.77	8.24
91~120万	2.13	2.34	1.95
121~200万	2.95	2.81	2.96
201万及以上	6.37	7.11	5.91

（十三）自主创业困难

河南省2017届自主创业的高校毕业生，在创业过程中遇到的困难主要是"办公场地、设备等软硬件环境的准备"（36.74%），其次是"创业团队组建"（36.58%），第三是"资金筹措"（29.38%）。从学历看，本科毕业生在创业过程中遇到的困难主要是"创业团队组建"（41.46%），专科毕业生在创业过程中遇到的困难主要是"办公场地、设备等软硬件环境的准备"（35.36%）。

图2-5-10　河南省2017届高校毕业生自主创业困难分布　　（单位：%）

图 2-5-11　河南省 2017 届高校本科毕业生自主创业困难分布　（单位：%）

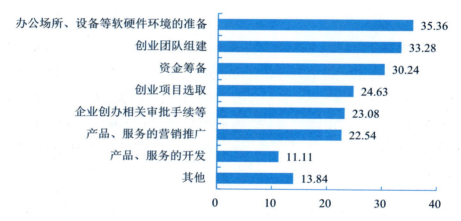

图 2-5-12　河南省 2017 届高校专科毕业生自主创业困难分布　（单位：%）

六、基层就业分析 ①

（一）基层就业毕业生比例

河南省 2017 届高校毕业生基层就业的比例为 22.11%。专科毕业生基层

---

① 基层就业：指国家基层项目（指中央各有关部门主要组织实施了 5 个引导高校毕业生到基层就业的专门项目，包括大学生村官、"三支一扶"计划、志愿服务西部计划、教师特岗计划和农技特岗计划）和地方基层项目（指由地方各省级部门组织实施的引导高校毕业生到基层就业的项目）。

就业的比例（26.51%）高于本科毕业生（18.45%）和毕业研究生（9.86%）。

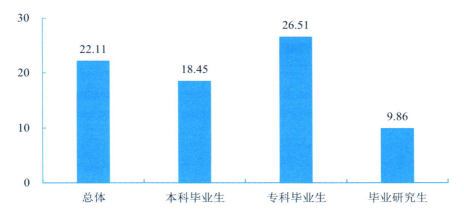

图 2-6-1　河南省 2017 届总体及不同学历毕业生基层就业比例分布　（单位：%）

（二）基层就业毕业生性别分布

基层就业的河南省 2017 届高校毕业生中，男生占比为 46.62%，女生占比为 53.38%，男女比例为 0.87：1。

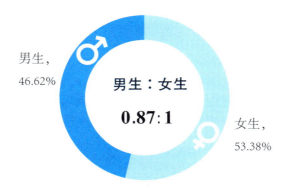

图 2-6-2　河南省 2017 届基层就业高校毕业生性别分布

（三）基层就业毕业生学历分布

基层就业的河南省 2017 届高校毕业生中，专科毕业生的占比（56.67%）高于本科毕业生（42.56%）和毕业生研究生（0.77%）。

113

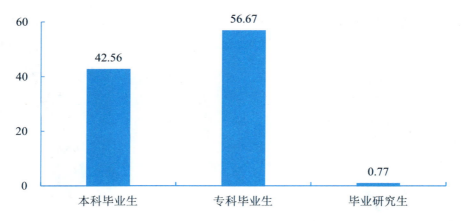

图 2-6-3　河南省 2017 届基层就业高校毕业生学历分布　　（单位：%）

（四）基层就业毕业生学科门类 / 专业大类分布

河南省 2017 届基层就业的本科毕业生中，教育学（31.77%）、文学（25.14%）和理学（23.18%）学科的毕业生基层就业比例位居前三位。河南省 2017 届基层就业的专科毕业生中，公安大类（44.44%）、土建大类（40.97%）和医药卫生大类（37.86%）专业大类的毕业生自主创业比例位居前三位。河南省 2017 届基层就业的毕业研究生中，教育学（26.47%）、法学（10.17%）和文学（9.52%）学科的毕业生自主创业比例位居前三位。

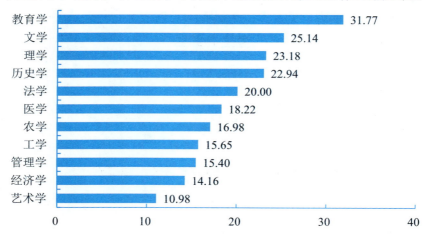

图 2-6-4　河南省 2017 届不同学科门类本科毕业生基层就业比例分布（单位：%）

注：哲学样本量太少，不包括在内。

图 2-6-5　河南省 2017 届不同专业大类专科毕业生基层就业比例分布（单位：%）

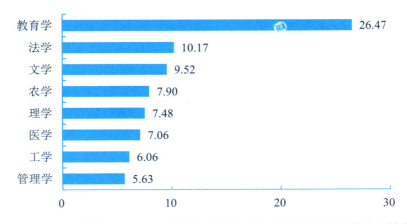

图 2-6-6　河南省 2017 届不同学科门类毕业研究生基层就业比例分布（单位：%）

注：哲学等学科门类样本量太少，不包括在内。

115

（五）基层就业毕业生生源地分布

河南省 2017 届基层就业高校毕业生生源地在省内的比例为 88.10%，省外的比例仅为 11.90%。省外比例最高的前 5 位就业省（市、区）依次为北京市（1.74%）、河北省（0.80%）、山西省（0.80%）、甘肃省（0.72%）和山东省（0.70%）

表 2-6-1　河南省 2017 届高校基层就业毕业生生源省（市、区）分布[①]　（单位：%）

生源省（市、区）	比例	生源省（市、区）	比例
河南省	88.10	吉林省	0.32
北京市	1.74	湖南省	0.31
河北省	0.80	贵州省	0.31
山西省	0.80	重庆市	0.30
甘肃省	0.72	辽宁省	0.30
山东省	0.70	广西壮族自治区	0.30
安徽省	0.57	陕西省	0.28
江苏省	0.48	江西省	0.27
天津市	0.44	青海省	0.25
内蒙古自治区	0.43	湖北省	0.23
福建省	0.42	宁夏回族自治区	0.23
新疆维吾尔自治区	0.36	四川省	0.22
浙江省	0.34	—	—

（六）基层就业地区分布

河南省 2017 届基层就业高校毕业生的就业地区主要在河南省

---

① 　生源比例未达 0.20% 的地区未呈现。

（70.60%），其次是北京市（8.31%），第三是江苏省（2.12%）。从学历看，基层就业的本科毕业生、专科毕业生和毕业研究生的就业地区均主要在河南省（占比分别为 65.69%、74.20% 和 76.92%）。

表 2-6-2　河南省 2017 届高校毕业生总体及各学历基层就业地区分布　（单位：%）

学历	前五基层就业省（市、区）
总体	河南省（70.60）、北京市（8.31）、江苏省（2.12）、上海市（1.95）、浙江省（1.58）
本科毕业生	河南省（65.69）、北京市（9.00）、新疆维吾尔自治区（2.40）、上海市（2.19）、天津市（1.96）
专科毕业生	河南省（74.20）、北京市（7.88）、江苏省（2.43）、上海市（1.78）、浙江省（1.59）
毕业研究生	河南省（76.92）、河北省（5.13）、安徽省（3.85）、湖北省（2.56）、山东省（2.56）

（七）基层就业行业分布

河南省 2017 届基层就业高校毕业生的就业行业门类主要是"教育"（25.17%），其次是"卫生和社会工作"（11.07%），第三是"农、林、牧、渔业"（10.97%）。从学历看，基层就业的本科毕业生和毕业研究生就业行业门类均主要是"教育"（占比分别为 39.45% 和 47.22%），基层就业的专科毕业生就业行业门类主要是"建筑业"（15.66%）。

表 2-6-3　河南省 2017 届高校毕业生总体及各学历基层就业行业分布　（单位：%）

学历	前五基层就业行业门类
总体	教育（25.17）、卫生和社会工作（11.07）、农、林、牧、渔业（10.97）、建筑业（10.94）、公共管理、社会保障和社会组织（6.20）
本科毕业生	教育（39.45）、农、林、牧、渔业（9.48）、公共管理、社会保障和社会组织（9.31）、卫生和社会工作（5.77）、信息传输、软件和信息技术服务业（5.45）

学历	前五基层就业行业门类
专科毕业生	建筑业（15.66）、卫生和社会工作（15.00）、教育（14.29）、农、林、牧、渔业（12.21）、制造业（6.16）
毕业研究生	教育（47.22）、公共管理、社会保障和社会组织（22.22）、卫生和社会工作（11.11）、制造业（4.17）、科学研究和技术服务业（4.17）

（八）基层就业职业大类分布

河南省 2017 届基层就业高校毕业生的就业职业大类主要是"教育 / 培训 / 科研"（21.04%），其次是"金融 / 经济"（14.26%），第三是"建筑建材"（10.57%）。从学历看，基层就业的本科毕业生和毕业研究生就业职业大类主要是"教育 / 培训 / 科研"（占比分别为 31.31% 和 37.33%），基层就业的专科毕业生就业职业大类主要是"建筑建材"（15.87%）。

表 2-6-4　河南省 2017 届高校毕业生总体及各学历基层就业职业分布 （单位：%）

学历	前五基层就业职业大类
总体	教育 / 培训 / 科研（21.04）、金融 / 经济（14.26）、建筑建材（10.57）、医疗卫生（10.41）、计算机 / 互联网（5.77）
本科毕业生	教育 / 培训 / 科研（31.13）、金融 / 经济（12.33）、法律法学、教育、咨询、知识产权、社会、宗教工作人员（7.95）、法律 / 知识产权 / 公务员（6.34）、计算机 / 互联网（6.27）
专科毕业生	建筑建材（15.87）、金融 / 经济（15.83）、医疗卫生（14.51）、教育 / 培训 / 科研（13.30）、计算机 / 互联网（5.45）
毕业研究生	教育 / 培训 / 科研（37.33）、法律 / 知识产权 / 公务员（13.33）、医疗卫生（9.33）、法律法学、教育、咨询、知识产权、社会、宗教工作人员（9.33）、金融 / 经济（4.00）

（九）基层就业单位性质分布

河南省 2017 届基层就业高校毕业生的就业单位性质主要是"中初教育单位"（21.42%），其次是"民营企业 / 个体"（17.80%），第三是"党政机关"

（17.32%）。从学历看，基层就业的本科毕业生和毕业研究生就业单位性质主要是"中初教育单位"（占比分别为 34.64% 和 34.18%），基层就业的专科毕业生就业单位性质主要是"民营企业 / 个体"（23.33%）。

表 2-6-5 河南省 2017 届高校毕业生总体及各学历基层就业单位性质分布（单位：%）

学历	前五基层就业单位性质
总体	中初教育单位（21.42）、民营企业 / 个体（17.80）、党政机关（17.32）、其他事业单位（11.40）、医疗卫生单位（11.03）
本科毕业生	中初教育单位（34.64）、党政机关（19.11）、其他事业单位（11.20）、民营企业 / 个体（10.73）、国有企业（6.49）
专科毕业生	民营企业 / 个体（23.33）、党政机关（15.87）、医疗卫生单位（14.91）、其他事业单位（11.58）、中初教育单位（11.29）
毕业研究生	中初教育单位（34.18）、党政机关（24.05）、高等教育单位（11.39）、医疗卫生单位（8.86）、其他事业单位（8.86）

（十）基层就业毕业生月均收入

河南省 2017 届基层就业高校毕业生的平均月收入为 4122 元。从学历来看，基层就业的本科毕业生平均月收入为 4195 元，基层就业的专科毕业生平均月收入为 4063 元，基层就业的毕业研究生平均月收入为 4407 元。

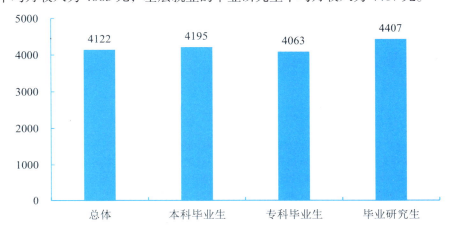

图 2-6-7 河南省 2017 届总体及不同学历基层就业毕业生平均月收入分布 （单位：元）

（十一）基层就业专业相关度 [①]

河南省 2017 届基层就业高校毕业生专业相关度得分为 7.66 分。从学历看，基层就业的专科毕业生专业相关度（7.96 分）高于本科毕业生（7.25 分）和毕业研究生（7.84 分）。

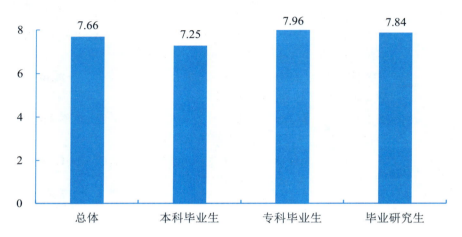

图 2-6-8　河南省 2017 届总体及不同学历毕业生基层就业专业相关度分布（单位：分）

（十二）基层就业职业期待符合度 [②]

河南省 2017 届基层就业高校毕业生职业期待吻合度为 7.52 分。从学历来看，基层就业的专科毕业生职业期待吻合度（7.91 分）高于本科毕业生（7.03 分）和毕业研究生（6.02 分）。

---

　　① 毕业生基层就业专业相关度的计算：将毕业生基层就业专业相关度的五个等级分别赋予分值，很相关赋为 4 分，比较相关赋为 3 分，一般赋为 2 分，比较不相关赋为 1 分，很不相关赋为 0 分，并采用等权分配计算相关度的十分制评分结果，分数越高代表越相关。

　　② 基层就业毕业生职业期待吻合度得分的计算：将基层就业毕业生求职时职业期待吻合度的五个等级分别赋予分值，非常吻合赋为 4 分，比较吻合赋为 3 分，一般赋为 2 分，较不吻合赋为 1 分，很不吻合赋为 0 分，并采用等权分配计算吻合度的十分制评分结果，分数越高代表越吻合。

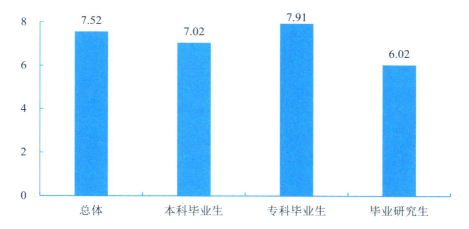

图 2-6-9　河南省 2017 届总体及不同学历基层就业毕业生职业期待吻合度分布（单位：分）

（十三）基层就业满意度 [①]

河南省 2017 届基层就业高校毕业生就业满意度为 7.44 分。从学历来看，基层就业的专科毕业生就业满意度（7.89 分）高于本科毕业生（6.86 分）和毕业研究生（5.88 分）。

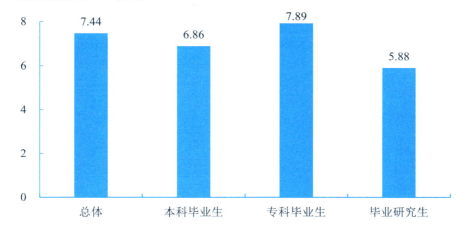

图 2-6-10　河南省 2017 届总体及不同学历基层就业毕业生就业满意度分布（单位：分）

---

① 基层就业毕业生满意度得分的计算：将基层就业毕业生就业满意度的五个等级分别赋予分值，非常满意赋为 4 分，比较满意赋为 3 分，一般赋为 2 分，较不满意赋为 1 分，很不满意赋为 0 分，并采用等权分配计算满意度的十分制评分结果，分数越高代表越满意。

121

（十四）基层就业工作稳定性

河南省 2017 届基层就业高校毕业生离职率为 38.32%。从学历看，基层就业的本科毕业生的离职率（38.61%）高于专科毕业生（38.27%）和毕业研究生（23.88%）。

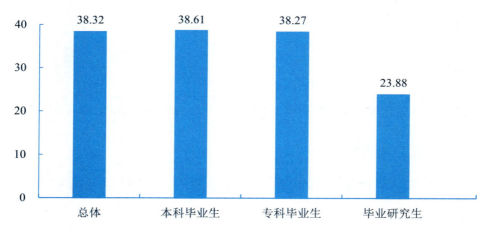

图 2-6-11　河南省 2017 届总体及不同学历基层就业毕业生离职率分布（单位：%）

第三部分
毕业生对高校人才培养的评价反馈

一、对教师的评价

对教师满意度[①]评价包括：对专业课老师教学态度和教学水平的评价，对公共课老师教学态度和教学水平评价。

（一）对专业课老师的评价

1. 总体及各学历对专业课老师的满意度

河南省 2017 届高校毕业生对专业课老师满意度为 8.17 分，其中对专业课老师教学水平的满意度（8.18 分）高于对专业课老师教学态度的满意度（8.15 分）。从学历看，专科毕业生对专业课老师满意度（8.28 分）高于本科毕业生（8.04 分）和毕业研究生（8.00 分）。在各评价维度中，专科毕业生的满意度均高于本科毕业生和毕业研究生。

---

① 对教师满意度得分的计算：将对两个维度下满意度的五个等级分别赋予分值，非常满意赋为 4 分，比较满意赋为 3 分，一般赋为 2 分，较不满意赋为 1 分，很不满意赋为 0 分，并采用等权分配计算满意度的十分制评分结果，分数越高代表越满意。对教师的满意度 = 对教学态度的满意度 *1/2+ 对教学水平的满意度 *1/2。

表 3-1-1　河南省 2017 届总体及不同学历毕业生对专业课老师满意度分布（单位：分）

学历	专业课老师满意度	专业课老师教学态度满意度	专业课老师教学水平满意度
总体	8.17	8.15	8.18
本科毕业生	8.04	8.04	8.05
专科毕业生	8.28	8.25	8.30
毕业研究生	8.00	7.98	8.02

2. 各学科门类／专业大类对专业课老师的满意度

河南省 2017 届本科毕业生中，历史学的本科毕业生对专业课老师的满意度（8.80 分）最高，其次为理学（8.37 分），第三是文学（8.20 分）。河南省 2017 届专科毕业生中，生化与药品大类的专科毕业生对专业课老师的满意度（8.61 分）最高，其次为医药卫生大类（8.57 分），第三是资源开发与测绘大类（8.49 分）。河南省 2017 届毕业研究生中，教育学的毕业研究生对专业课老师的满意度（8.42 分）最高，其次为农学（8.34 分），第三是法学（8.12 分）。

表 3-1-2　河南省 2017 届不同学科门类本科毕业生对专业课老师的满意度分布（单位：分）

学科门类	专业课老师满意度	专业课老师教学态度满意度	专业课老师教学水平满意度
历史学	8.80	8.73	8.86
理学	8.37	8.36	8.39
文学	8.20	8.17	8.23
法学	8.17	8.19	8.16
教育学	8.11	8.14	8.09
农学	8.08	8.09	8.06
艺术学	8.04	8.05	8.02

续表

学科门类	专业课老师满意度	专业课老师教学态度满意度	专业课老师教学水平满意度
医学	8.02	8.00	8.04
经济学	7.95	7.93	7.96
管理学	7.94	7.94	7.94
工学	7.91	7.91	7.91

注：哲学样本量太少，不包括在内。

表3-1-3　河南省2017届不同专业大类专科毕业生对专业课老师满意度分布（单位：分）

专业大类	专业课老师满意度	专业课老师教学态度满意度	专业课老师教学水平满意度
生化与药品大类	8.61	8.60	8.63
医药卫生大类	8.57	8.54	8.60
资源开发与测绘大类	8.49	8.44	8.54
农林牧渔大类	8.43	8.43	8.43
土建大类	8.37	8.37	8.37
轻纺食品大类	8.34	8.28	8.40
材料与能源大类	8.28	8.21	8.35
制造大类	8.27	8.23	8.30
财经大类	8.24	8.22	8.26
文化教育大类	8.23	8.17	8.28
旅游大类	8.22	8.27	8.16
公共事业大类	8.16	8.14	8.18
水利大类	8.14	8.05	8.23
艺术设计传媒大类	8.07	8.09	8.05

续表

专业大类	专业课老师满意度	专业课老师教学态度满意度	专业课老师教学水平满意度
电子信息大类	8.04	8.02	8.06
法律大类	7.94	7.88	8.00
交通运输大类	7.83	7.81	7.85
环保、气象与安全大类	7.58	7.42	7.75
公安大类	7.13	7.11	7.16

表3-1-4 河南省2017届不同学科门类毕业研究生对专业课老师满意度分布 （单位：分）

学科门类	专业课老师满意度	专业课老师教学态度满意度	专业课老师教学水平满意度
教育学	8.42	8.33	8.51
农学	8.34	8.33	8.35
法学	8.12	8.19	8.06
管理学	8.11	8.21	8.02
工学	7.84	7.84	7.84
文学	7.79	7.82	7.76
医学	7.76	7.65	7.86
理学	7.70	7.70	7.71

注：哲学等学科门类样本量太少，不包括在内。

（二）对公共课老师的评价

1. 总体及各学历对公共课老师的满意度

河南省2017届高校毕业生对公共课老师满意度为8.03分，其中对公共课老师教学水平的满意度（8.04分）高于对公共课老师教学态度的满意度（8.03分）。从学历看，专科毕业生对公共课老师满意度（8.18分）高于本科毕业生（7.88 分）和毕业研究生（7.76 分），在各评价维度中，专科毕业生的满意度均高于本科毕业生和毕业研究生。

表 3-1-5　河南省 2017 届总体及不同学历毕业生对公共课老师满意度分布（单位：分）

学历	公共课老师满意度	公共课老师教学态度满意度	公共课老师教学水平满意度
总体	8.03	8.03	8.04
本科毕业生	7.88	7.86	7.89
专科毕业生	8.18	8.18	8.18
毕业研究生	7.76	7.74	7.79

2. 各学科门类／专业大类对公共课老师的满意度

河南省 2017 届本科毕业生中，历史学的本科毕业生对公共课老师的满意度（8.54 分）最高，其次为理学（8.18 分），第三是文学（7.99 分）。河南省 2017 届专科毕业生中，资源开发与测绘大类的专科毕业生对公共课老师的满意度（8.53 分）最高，其次为医药卫生大类（8.48 分），第三是生化与药品大类（8.45）。河南省 2017 届毕业研究生中，农学的毕业研究生对公共课老师的满意度（8.02 分）最高，其次为教育学（7.99 分），第三是工学（7.84 分）。

表 3-1-6　河南省 2017 届不同学科门类本科毕业生对公共课老师的满意度（单位：分）

学科门类	公共课老师满意度	公共课老师教学态度满意度	公共课老师教学水平满意度
历史学	8.54	8.58	8.50
理学	8.18	8.16	8.20
文学	7.99	7.97	8.00
法学	7.98	7.97	7.98
艺术学	7.97	7.96	7.97

学科门类	公共课老师满意度	公共课老师教学态度满意度	公共课老师教学水平满意度
农学	7.86	7.85	7.87
教育学	7.83	7.78	7.87
管理学	7.82	7.80	7.83
经济学	7.80	7.80	7.81
医学	7.80	7.79	7.81
工学	7.77	7.76	7.77

注：哲学样本量太少，不包括在内。

表 3-1-7　河南省 2017 届不同专业大类专科毕业生对公共课老师满意度分布（单位：分）

专业大类	公共课老师满意度	公共课老师教学态度满意度	公共课老师教学水平满意度
资源开发与测绘大类	8.53	8.53	8.53
医药卫生大类	8.48	8.48	8.47
生化与药品大类	8.45	8.40	8.50
农林牧渔大类	8.32	8.34	8.30
土建大类	8.27	8.27	8.27
材料与能源大类	8.24	8.22	8.26
制造大类	8.19	8.20	8.19
轻纺食品大类	8.16	8.18	8.15
财经大类	8.14	8.14	8.14
文化教育大类	8.10	8.09	8.12
水利大类	8.08	8.08	8.08
公共事业大类	8.04	8.02	8.05

续表

专业大类	公共课老师满意度	公共课老师教学态度满意度	公共课老师教学水平满意度
电子信息大类	8.00	7.99	8.01
旅游大类	7.98	7.94	8.02
艺术设计传媒大类	7.98	7.98	7.97
法律大类	7.90	7.89	7.90
交通运输大类	7.67	7.68	7.67
环保、气象与安全大类	7.67	7.67	7.67
公安大类	6.98	7.00	6.95

表 3-1-8 河南省 2017 届不同学科门类毕业研究生对公共课老师满意度分布（单位：分）

学科门类	公共课老师满意度	公共课老师教学态度满意度	公共课老师教学水平满意度
农学	8.02	7.95	8.08
教育学	7.99	7.96	8.02
工学	7.84	7.79	7.90
管理学	7.83	7.83	7.83
理学	7.59	7.58	7.61
法学	7.59	7.59	7.59
医学	7.56	7.62	7.50
文学	7.34	7.24	7.43

注：哲学等学科门类样本量太少，不包括在内。

二、对教学的评价

对教学的评价包括：对教学的总体、课堂教学和实践教学的评价。

（一）对教学的总体评价 [①]

1. 总体及各学历对教学的总体满意度

河南省 2017 届高校毕业对母校教学的总体满意度为 8.05 分。从学历来看，专科毕业生对母校教学的总体满意度（8.20 分）高于本科毕业生（7.89分）和毕业研究生（7.84 分）。

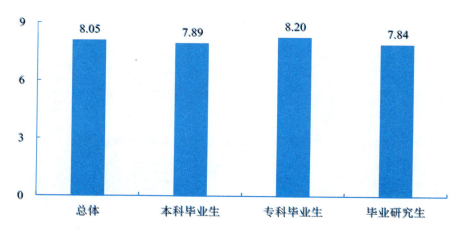

图 3-2-1　河南省 2017 届总体及不同学历毕业生对母校教学的总体满意度分布（单位：分）

2. 各学科门类/专业大类对教学的总体满意度

河南省 2017 届本科毕业生中，历史学的本科毕业生对母校教学的总体满意度（8.56 分）最高，其次为理学（8.21 分），第三是文学（8.02 分）。河南省 2017 届专科毕业生中，资源开发与测绘大类的专科毕业生对母校教学的总体满意度（8.55 分）最高，其次为生化与药品大类（8.54 分），第三是医药卫生大类（8.52 分）。河南省 2017 届毕业研究生中，农学的毕业研究生对母校教学的总体满意度（8.31 分）最高，其次为教育学（8.30 分），第三是法学（7.99 分）。

---

① 对教学的总体满意度得分的计算：将教学的总体满意度的五个等级分别赋予分值，非常满意赋为 4 分，比较满意赋为 3 分，一般赋为 2 分，较不满意赋为 1 分，很不满意赋为 0分，并采用等权分配计算满意度的十分制评分结果，分数越高代表越满意。

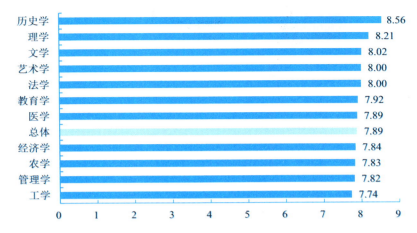

图 3-2-2　河南省 2017 届不同学科门类本科毕业生对母校教学的总体满意度分布（单位：分）

注：哲学样本量太少，不包括在内。

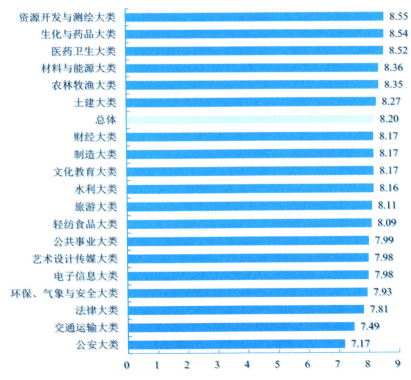

图 3-2-3　河南省 2017 届不同专业大类专科毕业生对母校教学的总体满意度分布（单位：分）

图 3-2-4 **河南省 2017 届不同学科门类毕业研究生对母校教学的总体满意度分布**（单位：分）

注：哲学等学科门类样本量太少，不包括在内。

（二）对课堂教学的评价 ①

对课堂教学的评价包括：对老师清楚地解释所学课程的目标和要求、老师对课堂纪律／秩序要求严格、老师能充分调动我的学习兴趣、老师在课后给我提供了有效的反馈和指导、老师能让我较好的理解和掌握课程内容 5 个维度的评价。

1. 总体及各学历对课堂教学的满意度

河南省 2017 届高校毕业生对课堂教学满意度为 7.51 分，其中对"老师对课堂纪律／秩序要求严格满意度"的满意度（7.83 分）最高。从学历看，

---

① 对课堂教学满意度得分的计算：将对五个维度下满意度的五个等级分别赋予分值，非常满意赋为 4 分，比较满意赋为 3 分，一般赋为 2 分，较不满意赋为 1 分，很不满意赋为 0 分，并采用等权分配计算满意度的十分制评分结果，分数越高代表越满意。对课堂教学的满意度 = 对老师清楚地解释所学课程的目标和要求的满意度 *1/5+ 对老师对课堂纪律／秩序要求严格的满意度 *1/5+ 对老师能充分调动我的学习兴趣的满意度 *1/5+ 对老师在课后给我提供了有些的反馈和指导的满意度 *1/5+ 对老师能让我较好的理解和掌握课程内容的满意度 *1/5。

专科毕业生对课堂教学的满意度（7.69分）高于本科毕业生（7.33分）和毕业研究生（7.29分），在各评价维度中，专科毕业生的满意度均高于本科毕业生和毕业研究生。

表3-2-1　河南省2017届总体及不同学历毕业生对课堂教学满意度分布　（单位：分）

学历	课堂教学满意度	老师清楚地解释所学课程的目标和要求满意度	老师对课堂纪律／秩序要求严格满意度	老师能充分调动我的学习兴趣满意度	老师在课后给我提供了有效的反馈和指导满意度	老师能让我较好的理解和掌握课程内容满意度
总体	7.51	7.64	7.83	7.32	7.25	7.51
本科毕业生	7.33	7.49	7.63	7.13	7.06	7.36
专科毕业生	7.69	7.79	8.03	7.51	7.44	7.67
毕业研究生	7.29	7.45	7.55	7.08	7.00	7.39

2. 各学科门类／专业大类对课堂教学的满意度

河南省2017届本科毕业生中，历史学的本科毕业生对母校课堂教学满意度（7.93分）最高，其次为理学（7.68分），第三是文学（7.58分）。河南省2017届专科毕业生中，资源开发与测绘大类的专科毕业生对母校课堂教学满意度（8.14分）最高，其次为医药卫生大类（8.04分），第三是生化与药品大类（7.96分）。河南省2017届毕业研究生中，教育学的毕业研究生对母校课堂教学满意度（7.74分）最高，其次为农学（7.57分），第三是管理学（7.53分）。

表3-2-2　河南省2017届不同学科门类本科毕业生对课堂教学的满意度分布（单位：分）

学科门类	课堂教学满意度	老师清楚地解释所学课程的目标和要求满意度	老师对课堂纪律／秩序要求严格满意度	老师能充分调动我的学习兴趣满意度	老师在课后给我提供了有效的反馈和指导满意度	老师能让我较好的理解和掌握课程内容满意度
历史学	7.93	8.13	8.15	7.80	7.64	7.95
理学	7.68	7.85	7.87	7.50	7.49	7.70

续表

学科门类	课堂教学满意度	老师清楚地解释所学课程的目标和要求满意度	老师对课堂纪律／秩序要求严格满意度	老师能充分调动我的学习兴趣满意度	老师在课后给我提供了有效的反馈和指导满意度	老师能让我较好的理解和掌握课程内容满意度
文学	7.58	7.65	7.87	7.46	7.33	7.60
法学	7.55	7.68	7.87	7.35	7.26	7.57
教育学	7.50	7.72	7.81	7.26	7.17	7.54
艺术学	7.41	7.30	7.70	7.29	7.30	7.47
农学	7.32	7.60	7.47	7.04	7.07	7.42
经济学	7.19	7.25	7.51	7.02	6.96	7.24
工学	7.19	7.38	7.49	6.94	6.93	7.21
管理学	7.17	7.35	7.51	6.95	6.84	7.20
医学	7.07	7.49	7.42	6.79	6.54	7.10

注：哲学样本量太少，不包括在内。

表3-2-3 河南省2017届不同专业大类专科毕业生对课堂教学满意度分布（单位：分）

专业大类	课堂教学满意度	老师清楚地解释所学课程的目标和要求满意度	老师对课堂纪律／秩序要求严格满意度	老师能充分调动我的学习兴趣满意度	老师在课后给我提供了有效的反馈和指导满意度	老师能让我较好的理解和掌握课程内容满意度
资源开发与测绘大类	8.14	8.12	8.38	7.99	8.07	8.13
医药卫生大类	8.04	8.29	8.36	7.82	7.75	7.96
生化与药品大类	7.96	7.93	8.28	7.82	7.77	8.01
土建大类	7.81	7.93	8.05	7.62	7.61	7.81
制造大类	7.76	7.79	8.08	7.59	7.58	7.74

续表

专业大类	课堂教学满意度	老师清楚地解释所学课程的目标和要求满意度	老师对课堂纪律/秩序要求严格满意度	老师能充分调动我的学习兴趣满意度	老师在课后给我提供了有效的反馈和指导满意度	老师能让我较好的理解和掌握课程内容满意度
农林牧渔大类	7.75	7.75	8.16	7.52	7.50	7.81
旅游大类	7.68	7.92	7.96	7.57	7.36	7.58
轻纺食品大类	7.64	7.71	8.02	7.47	7.36	7.63
财经大类	7.62	7.68	7.98	7.48	7.35	7.63
材料与能源大类	7.61	7.67	8.08	7.39	7.36	7.56
环保、气象与安全大类	7.59	7.38	8.05	7.42	7.54	7.54
公共事业大类	7.54	7.64	8.05	7.33	7.24	7.47
文化教育大类	7.52	7.72	7.93	7.29	7.19	7.49
法律大类	7.48	7.59	7.77	7.32	7.26	7.46
艺术设计传媒大类	7.47	7.40	7.84	7.38	7.24	7.50
电子信息大类	7.39	7.31	7.75	7.24	7.23	7.39
水利大类	7.36	7.32	7.70	7.03	7.30	7.43
交通运输大类	6.99	7.14	7.52	6.76	6.65	6.89
公安大类	6.64	6.70	6.87	6.59	6.39	6.65

表3-2-4　河南省2017届不同学科门类毕业研究生对课堂教学满意度分布（单位：分）

学科门类	课堂教学满意度	老师清楚地解释所学课程的目标和要求满意度	老师对课堂纪律/秩序要求严格满意度	老师能充分调动我的学习兴趣满意度	老师在课后给我提供了有效的反馈和指导满意度	老师能让我较好的理解和掌握课程内容满意度
教育学	7.74	7.88	7.96	7.52	7.55	7.81
农学	7.57	7.89	7.72	7.33	7.16	7.72
管理学	7.53	7.50	8.04	7.21	7.36	7.54

续表

学科门类	课堂教学满意度	老师清楚地解释所学课程的目标和要求满意度	老师对课堂纪律/秩序要求严格满意度	老师能充分调动我的学习兴趣满意度	老师在课后给我提供了有效的反馈和指导满意度	老师能让我较好的理解和掌握课程内容满意度
法学	7.44	7.46	7.85	7.30	7.18	7.42
工学	7.15	7.29	7.30	7.03	6.84	7.29
文学	7.09	7.41	7.36	6.83	6.70	7.17
理学	7.08	7.28	7.24	6.80	6.84	7.27
医学	7.01	7.38	7.50	6.88	6.33	6.97

注：哲学等学科门类样本量太少，不包括在内。

（三）对实践教学的评价[①]

对实践教学的评价包括：对实验教学、实习实训、社会实践、毕业论文（设计）4个维度的评价。

1. 实践教学对总体及各学历的帮助度

实践教学对河南省2017届高校毕业生帮助度为7.25分，其中实验教学的帮助度（7.32分）最高。从学历看，实践教学对专科毕业生的帮助度（7.45分）高于本科毕业生（7.04分）和毕业研究生（7.08分），在各评价维度中，对专科毕业生的帮助度均高于本科毕业生和毕业研究生。

---

① 实践教学帮助度得分的计算：将对四个维度下满意度的五个等级分别赋予分值，很大帮助赋为4分，交大帮助赋为3分，有些帮助赋为2分，没什么帮助赋为1分，完全没帮助赋为0分，并采用等权分配计算帮助度的十分制评分结果，分数越高代表越有帮助。实践教学的帮助度 = 实验教学的帮助度 *1/4+ 实习实训的帮助度 *1/4+ 社会实践的帮助度 *1/4+ 毕业论文（设计）的帮助度 *1/4。

表 3-2-5　实践教学对河南省 2017 届总体及不同学历毕业生的帮助度分布　（单位：分）

学历	实践教学	实验教学	实习实训	社会实践	毕业论文（设计）
总体	7.25	7.32	7.23	7.22	7.23
本科毕业生	7.04	7.09	6.96	6.98	7.15
专科毕业生	7.45	7.56	7.50	7.47	7.29
毕业研究生	7.08	6.88	6.83	6.84	7.79

2. 实践教学对各学科门类 / 专业大类的帮助度

河南省 2017 届本科毕业生中，母校实践教学对历史学的本科毕业生帮助度（7.57 分）最高，其次为理学（7.48 分），第三是农学（7.29 分）。河南省 2017 届专科毕业生中，母校实践教学对医药卫生大类的专科毕业生帮助度（8.13 分）最高，其次为资源开发与测绘大类（均为 7.83 分），第三是农林牧渔大类（7.82 分）。河南省 2017 届毕业研究生中，母校实践教学对教育学的毕业研究生帮助度（7.69 分）最高，其次为农学（7.30 分），第三是医学（7.22 分）。

表 3-2-6　实践教学对河南省 2017 届不同学科门类本科毕业生的帮助度分布（单位：分）

学科门类	实践教学	实验教学	实习实训	社会实践	毕业论文（设计）
历史学	7.57	7.52	7.44	7.53	7.78
理学	7.48	7.55	7.34	7.40	7.62
农学	7.29	7.47	7.23	7.16	7.31
教育学	7.29	7.30	7.28	7.21	7.35
文学	7.21	7.24	7.11	7.20	7.29
医学	7.21	7.36	**7.55**	7.16	6.78
法学	7.19	7.17	7.20	7.26	7.15
艺术学	7.03	7.00	6.85	7.04	7.21
工学	6.98	7.03	6.86	6.85	7.19
管理学	6.74	6.79	6.65	6.71	6.81
经济学	6.57	6.53	6.37	6.54	6.82

注：哲学样本量太少，不包括在内。

表 3-2-7 实践教学对河南省 2017 届不同专业大类专科毕业生的帮助度分布（单位：分）

专业大类	实践教学	实验教学	实习实训	社会实践	毕业论文（设计）
医药卫生大类	8.13	8.27	8.33	8.11	7.80
资源开发与测绘大类	7.83	7.94	7.84	7.93	7.63
农林牧渔大类	7.82	7.90	7.87	7.90	7.61
生化与药品大类	7.78	7.87	7.79	7.74	7.72
土建大类	7.63	7.73	7.66	7.61	7.51
旅游大类	7.58	7.81	7.68	7.52	7.29
制造大类	7.50	7.59	7.49	7.55	7.40
轻纺食品大类	7.36	7.51	7.33	7.36	7.23
文化教育大类	7.33	7.45	7.37	7.37	7.15
法律大类	7.25	7.33	7.25	7.28	7.13
财经大类	7.23	7.31	7.24	7.29	7.09
材料与能源大类	7.21	7.44	7.26	7.17	6.99
电子信息大类	6.98	7.07	6.98	6.99	6.88
公共事业大类	6.97	7.04	6.99	6.95	6.90
艺术设计传媒大类	6.92	6.93	6.76	6.99	7.00
水利大类	6.91	6.93	6.97	7.09	6.64
环保、气象与安全大类	6.59	6.49	6.53	6.73	6.63
交通运输大类	6.51	6.72	6.68	6.52	6.14
公安大类	6.50	6.67	6.43	6.55	6.35

表 3-2-8　实践教学对河南省 2017 届不同学科门类毕业研究生的帮助度分布（单位：分）

学科门类	实践教学	实验教学	实习实训	社会实践	毕业论文（设计）
教育学	7.69	7.52	7.67	7.55	8.01
农学	7.30	6.96	6.85	7.38	**8.01**
医学	7.22	7.08	7.14	7.06	7.60
理学	7.09	6.89	6.83	6.73	7.90
法学	6.96	6.74	6.59	6.71	7.79
工学	6.95	6.82	6.62	6.60	7.77
管理学	6.87	6.72	6.59	6.56	7.61
文学	6.64	6.22	6.47	6.44	7.45

注：哲学等学科门类样本量太少，不包括在内。

三、毕业生能力素质评价

毕业生能力素质评价包括毕业生在大学所获得的专业知识、专业能力对其工作 / 学习的重要度和满足度以及基本能力素质对毕业生工作 / 学习重要度排名。

（一）专业知识的重要度 [①] 和满足度 [②]

1. 总体及各学历毕业生专业知识的重要度和满足度

重要度：河南省 2017 届高校毕业生在大学所获得的专业知识对其工作 /

---

① 毕业生专业知识重要度的计算：将毕业生专业知识重要度的五个等级分别赋予分值，很重要赋为 4 分，比较重要赋为 3 分，一般赋为 2 分，不太重要赋为 1 分，很不重要赋为 0 分，并采用等权分配计算相关度的十分制评分结果，分数越高代表越重要。

② 毕业生专业知识满足度的计算：将毕业生专业知识满足度的五个等级分别赋予分值，完全满足赋为 4 分，大部分满足赋为 3 分，基本满足赋为 2 分，大部分没满足赋为 1 分，完全没满足赋为 0 分，并采用等权分配计算相关度的十分制评分结果，分数越高代表越满足。

学习的重要度为 7.88 分。从学历看，毕业研究生在大学所获得的专业知识对其工作 / 学习的重要度（8.37 分）高于本科毕业生（7.86 分）和专科毕业生（7.88 分）。

满足度：河南省 2017 届高校毕业生在大学所获得的专业知识对其工作 / 学习的满足度为 7.18 分。从学历看，专科毕业生在大学所获得的专业知识对其工作 / 学习的满足度（7.40 分）高于本科毕业生（6.97 分）和毕业研究生（7.02 分）。

表 3-3-1　河南省 2017 届总体及不同学历毕业生专业知识的重要度和满足度分布（单位：分）

学历	重要度	满足度
总体	7.88	7.18
本科毕业生	7.86	6.97
专科毕业生	7.88	7.40
毕业研究生	8.37	7.02

2. 各学科门类 / 专业大类毕业生专业知识的重要度和满足度

重要度：河南省 2017 届本科毕业生中，历史学的本科毕业生在大学所获得的专业知识对其工作 / 学习的重要度（8.84 分）最高，其次为医学（8.61 分），第三是法学（8.32 分）；河南省 2017 届专科毕业生中，医药卫生大类的专科毕业生在大学所获得的专业知识对其工作 / 学习的重要度（8.61 分）最高，其次为文化教育大类（8.13 分），第三是土建大类（8.09 分）；河南省 2017 届毕业研究生中，医学的毕业研究生在大学所获得的专业知识对其工作 / 学习的重要度（9.00 分）最高，其次为教育学（8.76 分），第三是文学（8.43 分）。

满足度：河南省 2017 届本科毕业生中，历史学的本科毕业生在大学所获得的专业知识对其工作 / 学习的满足度（7.53 分）最高，其次为理学（7.37 分），第三是教育学（7.28 分）；河南省 2017 届专科毕业生中，医药卫生大类的专科毕业生在大学所获得的专业知识对其工作/学习的满足度（8.03分）最高，其次为电子信息大类（7.61分），第三是农林牧渔大类（7.52分）；河南省2017届毕业研究生中，教育学的毕业研究生在大学所获得的专业知识对其工作/学习的满足度（7.65分）最高，其次为文学（7.50分），第三是管理学（7.39分）。

表3-3-2 河南省2017届不同学科门类本科毕业生专业知识的重要度和满足度分布（单位：分）

学科门类	重要度	满足度
历史学	8.84	7.53
医学	8.61	7.09
农学	8.32	7.09
法学	8.16	7.26
教育学	8.15	7.28
理学	7.99	7.37
艺术学	7.74	6.88
工学	7.69	6.81
管理学	7.58	6.75
文学	7.52	6.78
经济学	7.49	6.68

注：哲学样本量太少，不包括在内。

表3-3-3 河南省2017届不同专业大类专科毕业生专业知识的重要度和满足度分布（单位：分）

专业大类	重要度	满足度
医药卫生大类	8.61	8.03
文化教育大类	8.13	7.47
土建大类	8.09	7.41
材料与能源大类	8.03	7.36

续表

专业大类	重要度	满足度
电子信息大类	7.95	7.61
法律大类	7.94	7.47
水利大类	7.83	7.51
财经大类	7.74	7.22
农林牧渔大类	7.73	7.52
制造大类	7.71	7.35
资源开发与测绘大类	7.60	7.51
生化与药品大类	7.60	7.24
艺术设计传媒大类	7.58	6.89
旅游大类	7.40	6.69
环保、气象与安全大类	7.37	6.59
公安大类	7.17	7.03
公共事业大类	7.15	7.08
轻纺食品大类	7.00	6.55
交通运输大类	6.99	6.62

表3-3-4 河南省2017届不同学科门类毕业研究生专业知识的重要度和满足度分布（单位：分）

学科门类	重要度	满足度
医学	9.00	7.29
教育学	8.76	**7.65**
文学	8.43	7.50
农学	8.41	7.07
管理学	8.32	7.39
法学	8.22	6.72
理学	8.16	6.84
工学	8.14	6.41

注：哲学等学科门类样本量太少，不包括在内。

（二）专业能力重要度[①]和满足度[②]

1. 总体及各学历毕业生专业能力的重要度和满足度

重要度：河南省 2017 届高校毕业生在大学所获得的专业能力对其工作 / 学习的重要度为 7.86 分。从学历看，毕业研究生在大学所获得的专业能力对其工作 / 学习的重要度（8.42 分）高于本科毕业生（7.83 分）和专科毕业生（7.88 分）。

满足度：河南省 2017 届高校毕业生在大学所获得的专业能力对其工作 / 学习的满足度为 7.03 分。从学历看，专科毕业生在大学所获得的专业能力对其工作 / 学习的满足度（7.22 分）高于本科毕业生（6.84 分）和毕业研究生（6.96 分）。

表 3–3–5　河南省 2017 届总体及不同学历毕业生专业能力的重要度和满足度分布（单位：分）

学历	重要度	满足度
总体	7.86	7.03
本科毕业生	7.83	6.84
专科毕业生	7.88	7.22
毕业研究生	8.42	6.96

2. 各学科门类 / 专业大类毕业生专业能力的重要度和满足度

重要度：河南省 2017 届本科毕业生中，历史学的本科毕业生在大学所获得的专业能力对其工作 / 学习的重要度（8.82 分）最高，其次为医学（8.61 分），第三是法学（8.41 分）；河南省 2017 届专科毕业生中，医药卫生大类

① 毕业生专业能力重要度的计算：将毕业生专业能力重要度的五个等级分别赋予分值，很重要赋为 4 分，比较重要赋为 3 分，一般赋为 2 分，不太重要赋为 1 分，很不重要赋为 0 分，并采用等权分配计算相关度的十分制评分结果，分数越高代表越重要。

② 毕业生专业能力满足度的计算：将毕业生专业能力满足度的五个等级分别赋予分值，完全满足赋为 4 分，大部分满足赋为 3 分，基本满足赋为 2 分，大部分没满足赋为 1 分，完全没满足赋为 0 分，并采用等权分配计算相关度的十分制评分结果，分数越高代表越满足。

的专科毕业生在大学所获得的专业能力对其工作/学习的重要度（8.50分）最高，其次为文化教育大类（8.12分），第三是材料与能源大类（7.98分）；河南省2017届毕业研究生中，医学的毕业研究生在大学所获得的专业能力对其工作/学习的重要度（9.07分）最高，其次为教育学（9.03分），第三是管理学（8.35分）。

满足度：河南省2017届本科毕业生中，教育学的本科毕业生在大学所获得的专业能力对其工作/学习的满足度（7.25分）最高，其次为理学（7.24分），第三是历史学（7.19分）；河南省2017届专科毕业生中，医药卫生大类的专科毕业生在大学所获得的专业能力对其工作/学习的满足度（7.86分）最高，其次为资源开发与测绘大类（7.43分），第三是土建大类（7.39分）；河南省2017届毕业研究生中，教育学的毕业研究生在大学所获得的专业能力对其工作/学习的满足度（7.64分）最高，其次为文学（7.50分），第三是管理学（7.20分）。

表3-3-6 河南省2017届不同学科门类本科毕业生专业能力的重要度和满足度分布（单位：分）

学科门类	重要度	满足度
历史学	8.82	7.19
医学	8.61	6.90
法学	8.41	7.04
文学	8.17	7.15
理学	8.05	7.24
教育学	7.91	7.25
艺术学	7.88	6.82
工学	7.64	6.66
管理学	7.53	6.61
经济学	7.50	6.57
农学	7.39	6.45

注：哲学样本量太少，不包括在内。

表 3-3-7 河南省 2017 届不同专业大类专科毕业生专业能力的重要度和满足度分布（单位：分）

专业大类	重要度	满足度
医药卫生大类	8.50	7.86
文化教育大类	8.12	7.25
材料与能源大类	7.98	7.18
生化与药品大类	7.91	7.33
财经大类	7.85	7.06
资源开发与测绘大类	7.83	7.43
土建大类	7.83	7.39
法律大类	7.82	6.85
农林牧渔大类	7.77	7.24
制造大类	7.73	7.25
艺术设计传媒大类	7.73	6.71
轻纺食品大类	7.64	7.11
环保、气象与安全大类	7.59	6.42
电子信息大类	7.57	6.62
旅游大类	7.46	7.16
公安大类	7.35	6.75
公共事业大类	7.15	6.74
水利大类	6.98	6.56
交通运输大类	6.95	6.43

表 3-3-8 河南省 2017 届不同学科门类毕业研究生专业能力的重要度和满足度分布（单位：分）

学科门类	重要度	满足度
医学	9.07	7.00
教育学	9.03	7.64

续表

学科门类	重要度	满足度
管理学	8.35	7.20
法学	8.33	6.93
理学	8.31	6.83
农学	8.15	6.70
工学	8.14	6.40

注：哲学等学科门类样本量太少，不包括在内。

（三）基本能力素质分析 [①]

河南省2017届高校毕业生认为对现在的工作/学习而言，重要的基本能力素质中，逻辑思维的比例（51.62%）最高，其均值为7.33分。从学历看，本科毕业生认为对现在的工作/学习而言，最重要的基本能力素质为逻辑思维（53.14%），其均值为7.21分，专科毕业生认为对现在的工作/学习而言，最重要的基本能力素质为善于观察（50.27%），其均值为8.03分，毕业研究生认为对现在的工作/学习而言，最重要的能力素质为逻辑思维（63.99%），其均值为7.22分。

表 3-3-9　河南省2017届高校毕业生认为基本能力素质的重要度与均值分布

（重要度单位：%；均值单位：分）

能力素质	重要度	均值
逻辑思维	51.62	7.33
表达能力	49.76	4.99

---

① 问卷中该题为多选题，故比例之和大于100.00%。各能力素质的均值是将其不同维度的五个等级分别赋予分值，非常符合赋4分，有点符合赋3分，不一定赋2分，有点不符合赋1分，非常不符合赋0分，并采用等权分配计算相关度的十分制评分结果，再将各能力素质的各维度按1/维度个数进行计算，得出各能力素质的均值，分值越高代表越重要

续表

能力素质	重要度	均值
善于观察	46.46	7.89
团队意识	38.88	**8.39**
创新思维	38.64	6.24
记忆能力	33.91	5.25
组织协调	23.29	7.20
善于倾听	21.67	5.90
阅读理解	19.34	7.69
制定计划	17.65	7.09
主动学习	15.65	7.71
数学运算	15.41	7.89
领导意识	14.94	7.65
严谨负责	8.91	6.95
情绪调节	7.43	5.49
坚韧自信	4.10	6.64
外向主动	3.77	5.82
诚信助人	3.24	6.80
形象管理	3.21	6.46
勇于探索	2.85	5.86
保持健康	2.78	6.15

表 3-3-10　河南省 2017 届本科毕业生认为基本能力素质的重要度与均值分布
（重要度单位：%；均值单位：分）

能力素质	重要度	均值
逻辑思维	53.14	7.21
表达能力	52.58	5.03

续表

能力素质	重要度	均值
善于观察	42.49	7.73
创新思维	39.63	6.17
团队意识	38.11	8.38
记忆能力	31.15	5.26
组织协调	25.55	7.13
善于倾听	20.10	6.01
阅读理解	19.33	7.60
制定计划	18.35	7.00
主动学习	18.28	7.69
数学运算	14.70	7.59
领导意识	14.27	7.48
严谨负责	10.07	6.98
情绪调节	8.16	5.49
坚韧自信	4.57	6.69
外向主动	3.99	5.69
形象管理	3.19	6.52
勇于探索	3.17	5.88
保持健康	3.14	6.16
诚信助人	2.96	6.87

表 3-3-11　河南省 2017 届专科毕业生认为基本能力素质的重要度与均值分布
（重要度单位：%；均值单位：分）

能力素质	重要度	均值
善于观察	50.27	8.03
逻辑思维	49.86	7.45

续表

能力素质	重要度	均值
表达能力	46.91	4.94
团队意识	39.74	8.40
创新思维	37.55	6.30
记忆能力	36.75	5.23
善于倾听	23.33	5.80
组织协调	20.90	7.27
阅读理解	19.29	7.77
制定计划	16.91	7.19
数学运算	16.19	8.17
领导意识	15.66	7.81
主动学习	12.84	7.72
严谨负责	7.68	6.90
情绪调节	6.63	5.48
外向主动	3.59	5.97
坚韧自信	3.58	6.58
诚信助人	3.52	6.74
形象管理	3.26	6.41
勇于探索	2.49	5.83
保持健康	2.38	6.12

表 3-3-12　河南省 2017 届毕业研究生认为基本能力素质的重要度与均值分布

（重要度单位：%；均值单位：分）

能力素质	重要度	均值
逻辑思维	63.99	7.22
表达能力	55.70	5.47
善于观察	47.28	7.48
创新思维	44.43	6.06
团队意识	33.94	8.47

能力素质	重要度	均值
组织协调	32.12	7.21
主动学习	27.33	8.17
记忆能力	26.17	5.26
阅读理解	22.41	7.84
制定计划	20.08	7.13
善于倾听	15.80	6.37
严谨负责	14.12	7.46
情绪调节	11.66	5.70
领导意识	11.53	7.21
数学运算	11.40	6.83
坚韧自信	6.74	6.79
勇于探索	5.57	6.10
保持健康	4.79	6.64
诚信助人	2.72	6.90
形象管理	2.59	6.39
外向主动	2.33	5.48

四、就业创业指导与服务

（一）对就业指导／服务的评价 [①]

对就业指导／服务的评价包括：对母校生涯规划／就业指导课、母校职

[①] 对就业指导／服务的满意度得分的计算：将对六个维度下满意度的五个等级分别赋予分值，非常满意赋为 4 分，比较满意赋为 3 分，一般赋为 2 分，较不满意赋为 1 分，很不满意赋为 0 分，并采用等权分配计算满意度的十分制评分结果，分数越高代表越满意。对就业指导／服务的满意度＝对母校生涯规划／就业指导课的满意度 *1/6+ 对母校职业咨询与辅导的满意度 *1/6+ 对母校举办校园招聘会／宣讲会的满意度 *1/6+ 对母校发布招聘信息的满意度 *1/6+ 对母校就业帮扶与推荐的满意度 *1/6+ 对母校就业手续办理的满意度 *1/6。

业咨询与辅导、母校举办校园招聘会 / 宣讲会、母校发布招聘信息、母校就业帮扶与推荐和母校就业手续办理（户口档案迁移等）6 个维度的评价。

河南省 2017 届高校毕业生对就业指导 / 服务的满意度为 7.69 分，其中对"生涯规划 / 就业指导课满意度"的满意度（7.82 分）最高。

表 3-4-1　河南省 2017 届毕业生对母校就业指导 / 服务的满意度分布　（单位：分）

评价维度	满意度
就业指导 / 服务满意度	7.69
生涯规划 / 就业指导课满意度	7.82
就业手续办理（户口档案迁移等）满意度	7.74
职业咨询与辅导满意度	7.70
发布招聘信息满意度	7.65
举办校园招聘会 / 宣讲会满意度	7.65
就业帮扶与推荐满意度	7.59

（二）对创业指导 / 服务的评价 [①]

对创业教育 / 服务的评价包括：对母校创业课程和讲座、母校创新创业大赛、母校创业模拟与实训、创业指导服务（如信息咨询、管理运营等）、母校创业场地支持和母校创业资金支持 6 个维度的评价。

河南省 2017 届高校毕业生对创业教育 / 服务的满意度为 7.34 分，其中对母校"创业指导服务（如信息咨询、管理运营等）"的满意度（7.69 分）最高。

---

①　对创业教育 / 服务的满意度得分的计算：将对六个维度下满意度的五个等级分别赋予分值，非常满意赋为 4 分，比较满意赋为 3 分，一般赋为 2 分，较不满意赋为 1 分，很不满意赋为 0 分，并采用等权分配计算满意度的十分制评分结果，分数越高代表越满意。对创业教育 / 服务的满意度 = 对母校创业课程和讲座的满意度 *1/6+ 对母校创新创业大赛的满意度 *1/6+ 对母校创业模拟与实训的满意度 *1/6+ 对母校创业指导服务（如信息咨询、管理运营等）的满意度 *1/6+ 对母校创业场地支持的满意度 *1/6+ 对母校创业资金支持的满意度 *1/6。

表3-4-2　河南省2017届毕业生对母校创业指导/服务的满意度分布　　（单位：分）

评价维度	满意度
创业教育/服务满意度	7.34
创业指导服务（如信息咨询、管理运营等）满意度	7.69
创业模拟与实训满意度	7.68
创业课程和讲座满意度	7.68
创新创业大赛满意度	7.68
创业场地支持满意度	6.73
创业资金支持满意度	6.58

（三）学生指导工作/服务需改进之处 [①]

河南省2017届高校毕业生认为母校学生指导工作/服务最需改进的是就业指导/服务（60.36%），其次是创业指导/服务（48.30%），第三是学生思政教育（40.91%）。

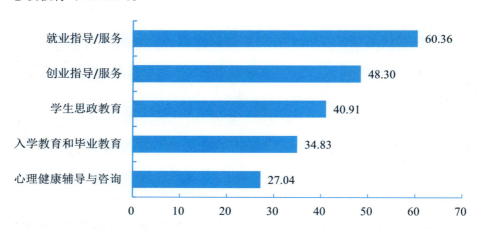

图3-4-1　河南省2017届高校毕业生认为母校学生指导工作/服务需改进之处分布　　（单位：%）

---

① 此题为多选题，因此各项之和不等于100.00%。

五、对母校综合评价

（一）对母校的满意度 ①

河南省 2017 届高校毕业生对母校的满意度为 8.12 分。从学历看，专科毕业生对母校的满意度（8.18 分）高于本科毕业生（8.07 分）和毕业研究生（8.12 分）。

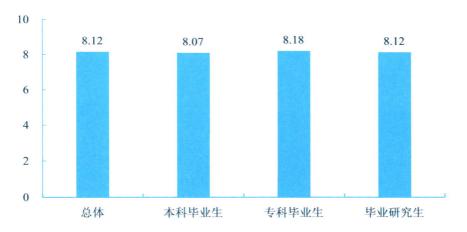

图 3-5-1　河南省 2017 届总体及不同学历毕业生对母校的满意度分布（单位：分）

（二）对母校的推荐度

河南省 2017 届高校毕业生愿意推荐母校的比例为 69.41%，不愿意推荐母校的比例为 6.98%。从学历看，专科毕业生愿意推荐母校的比例（68.14%）低于本科毕业生（70.43%）和毕业研究生（81.13%），专科毕业生不愿意推荐母校的比例（7.59%）高于本科毕业生（6.43%），高于毕业研究生（4.03%）。

---

① 对母校满意度得分的计算：将对母校满意度的五个等级分别赋予分值，非常满意赋为 4 分，比较满意赋为 3 分，一般赋为 2 分，较不满意赋为 1 分，很不满意赋为 0 分，并采用等权分配计算满意度的十分制评分结果，分数越高代表越满意。

表 3-5-1　河南省 2017 届总体及不同学历毕业生对母校的推荐情况分布 　（单位：%）

对母校的推荐情况	总体	本科毕业生	专科毕业生	毕业研究生
愿意	**69.41**	**70.43**	**68.14**	**81.13**
不确定	23.61	23.14	24.27	14.84
不愿意	6.98	6.43	7.59	4.03

第四部分
专业预警分析

一、研究概况

本部分旨在通过分析河南省 2017 届高校毕业生就业质量相关指标，了解并监控不同专业毕业生的就业状况，基于社会需求引导教育主管部门和高校调整改进专业建设，提高人才培养质量，建立与河南省产业发展相适应的专业预警系统。

专业预警系统从不同专业毕业生的就业率、平均月收入、专业相关度、就业满意度和专业知识满足度 5 项指标计算专业综合指数，综合考察不同专业的就业情况。根据专业综合指数，锁定限制发展专业、鼓励发展专业和控制发展专业。由于专业人数太少对于预警干预意义不大，且样本量不足难以反映真实就业情况，故本研究只针对毕业生人数 200 人及以上，样本量 60 人及以上的专业进行指标分析。

二、研究方法

本研究通过不同专业毕业生就业率、平均月收入、专业相关度、就业满意度和专业知识满足度 5 项指标，加权计算专业综合指数，以综合反映全省不同专业高校毕业生的就业状况。其中，对就业率和专业相关度均给予 2.5/10 的权重，对就业满意度和专业知识满足度均给予 2/10 的权重，对平均月收入给予 1/10 的权重。具体来看，就业率低、平均月收入低、专业相关度低、就业满意度低、专业知识满足度低的专业表明其综合就业状况较差。由于专业相关度、专业知识满足度的高低和专业类型有关，本研究在计算专业综合指数时，对不同类型专业的专业相关度、专业知识满足度进行了不同的处理：将本科学科门类中的工学、农学、医学下的专业定义为本科工农医类专业，将其他的本科学科门类下的专业定义为本科文理类专业；将专科专业大类中的材料与能源大类、资源开发与测绘大类、土建大类、医药卫生大类、水利大类、交通运输大类、轻纺食品大类、生化与药品大类、农林牧渔大类、制造大类、电子信息大类下的专业定义为专科工农医类专业，将其他专科专业大类下的专业定义为专科文理类专业。

专业综合指数的具体算法是：

专业综合指数 =[该专业平均就业率 / 全省该学历平均就业率 *2.5/10+ 该专业平均月收入 / 全省该学历平均月收入 *1/10+ 该专业就业满意度 / 全省该学历就业满意度平均值 *2/10+ 该专业专业相关度 / 全省该学历相同专业类型（工农医类或文理类）专业相关度平均值 *2.5/10+ 该专业专业知识满足度 / 全省该学历相同专业（工农医类或文理类）专业知识满足度平均值 *2/10]*100.00%。

预警专业、鼓励发展专业、控制发展专业的选取标准如下。

预警专业：综合指数小于或等于 2% 的专业。这些专业就业率、月收入、专业相关度、就业满意度、专业知识满足度中部分或全部指标值过低，为高风险型专业。

重点发展专业：综合指数大于或等于 95% 的专业。这些专业就业率、月收入、专业相关度、就业满意度专业知识满足度中部分或全部指标值较高，为需求增长型专业，是需要发展的专业。

持续关注专业：综合指数大于 2% 并且小于或等于 5% 的专业，即综合指数相对较低的专业。其综合指数虽然没有限制发展专业那么低，但也存在较大潜在风险，如果不对其采取措施，有较大概率发展成为预警专业这样的高风险型专业。

三、本科专业预警分析

（一）本科预警专业

1. 就业率最低的 20 个本科专业

河南省 2017 届本科毕业生就业率最低的专业为舞蹈学（84.06%），其次为食品科学与工程（84.91%），第三是生物工程（87.21%）。

表 4-3-1　河南省 2017 届本科毕业生就业率最低的 20 个专业分布

（就业率单位：%；平均月收入单位：元；专业相关度 / 就业满意度 / 专业知识满足度单位：分）

本科专业名称	就业率	平均月收入	专业相关度	就业满意度	专业知识满足度
舞蹈学	84.06	3743	6.15	6.02	7.24
食品科学与工程	84.91	4452	6.22	6.47	7.14
生物工程	87.21	5007	5.55	6.52	7.13
法学	89.10	3876	6.52	6.12	7.07
经济学	90.17	4380	5.32	6.24	6.75
服装与服饰设计	90.54	5267	5.43	5.56	6.25
行政管理	90.88	4795	5.05	6.00	5.86
应用心理学	90.91	4059	4.77	5.96	6.62
动物医学	90.91	4276	6.93	6.25	6.47
播音与主持艺术	91.26	5836	6.11	6.47	7.35
戏剧影视文学	91.54	4559	4.68	5.70	6.67
广播电视编导	91.57	4616	4.93	6.34	7.10
制药工程	91.74	4469	5.17	5.45	6.16
城乡规划	92.09	4175	4.92	5.78	6.00

续表

本科专业名称	就业率	平均月收入	专业相关度	就业满意度	专业知识满足度
社会工作	92.66	4191	4.89	5.88	6.39
信息管理与信息系统	92.79	5811	5.24	6.23	6.07
侦查学	93.53	3746	6.85	6.30	7.24
机械工程	93.59	6285	5.20	5.34	6.05
文化产业管理	93.75	4922	7.30	8.32	8.16
药学	93.87	4184	6.99	5.38	6.80
河南省本科平均	94.97	4744	6.51	6.38	6.97

2. 平均月收入最低的20个本科专业

河南省2017届本科毕业生平均月收入最低的专业为小学教育（2892元），其次为思想政治教育（3027元），第三是临床医学（3174元）。

表4-3-2　河南省2017届本科毕业生平均月收入最低的20个专业分布

（平均月收入单位：元；就业率单位：%；专业相关度/就业满意度/专业知识满足度单位：分）

本科专业名称	平均月收入	就业率	专业相关度	就业满意度	专业知识满足度
小学教育	2892	94.14	8.52	5.83	7.50
思想政治教育	3027	94.66	7.97	5.56	6.93
临床医学	3174	94.71	8.39	4.96	6.97
汉语言文学	3263	95.86	7.97	5.95	7.48
学前教育	3355	95.86	7.65	6.74	7.39
地理科学	3460	96.30	8.03	6.06	6.93
武术与民族传统体育	3468	97.78	6.74	7.03	7.41
体育教育	3534	95.05	7.04	6.40	7.82
美术学	3543	94.32	6.43	5.66	7.10

续表

本科专业名称	平均月收入	就业率	专业相关度	就业满意度	专业知识满足度
化学	3629	96.36	7.57	6.53	7.55
医学检验技术	3644	95.60	7.98	5.38	7.76
运动训练	3662	95.54	5.92	6.91	6.89
舞蹈学	3743	84.06	6.15	6.02	7.24
侦查学	3746	93.53	6.85	6.30	7.24
刑事科学技术	3749	94.79	5.56	6.03	7.66
教育学	3757	95.08	6.79	5.87	6.80
音乐学	3804	94.71	7.23	6.63	7.74
法学	3876	89.10	6.52	6.12	7.07
日语	3877	94.08	5.33	6.38	6.56
英语	3900	95.40	7.51	6.39	7.33
河南省本科平均	4744	94.97	6.51	6.38	6.97

3. 专业相关度最低的 10 个本科工农医类专业

河南省 2017 届本科毕业生专业相关度最低的本科工农医类专业为植物保护（2.30 分），其次为材料科学与工程（3.55 分），第三是采矿工程（4.00 分）。

表 4-3-3 河南省 2017 届本科毕业生专业相关度最低的 10 个本科工农医类专业分布
（专业相关度 / 就业满意度 / 专业知识满足度单位：分；就业率单位：%；平均月收入单位：元）

本科工农医类专业名称	专业相关度	就业率	平均月收入	就业满意度	专业知识满足度
植物保护	2.30	96.72	4168	5.38	6.97
材料科学与工程	3.55	97.92	6572	5.59	6.19
采矿工程	4.00	96.77	5382	5.38	6.59
动物科学	4.17	95.83	4337	5.80	6.84

续表

本科工农医类专业名称	专业相关度	就业率	平均月收入	就业满意度	专业知识满足度
高分子材料与工程	4.44	95.65	5338	6.08	6.57
工业设计	4.54	98.57	5638	5.66	4.90
光电信息科学与工程	4.66	97.26	6055	5.56	6.21
安全工程	4.94	98.82	5711	5.17	5.48
测控技术与仪器	5.11	97.37	6189	5.73	5.66
材料成型及控制工程	5.15	96.64	5064	5.74	6.54
河南省本科工农医类平均	6.13	95.95	5340	6.12	6.75

4. 专业相关度最低的 10 个本科文理类专业

河南省 2017 届本科毕业生专业相关度最低的本科文理类专业为劳动与社会保障（4.07 分），其次为工业工程（4.29 分），第三是戏剧影视文学（4.68 分）。

表 4-3-4　河南省 2017 届本科毕业生专业相关度最低的 10 个本科文理类专业分布
（专业相关度 / 就业满意度 / 专业知识满足度单位：分；就业率单位：%；平均月收入单位：元）

本科文理类专业名称	专业相关度	就业率	平均月收入	就业满意度	专业知识满足度
劳动与社会保障	4.07	97.92	4624	5.71	5.74
工业工程	4.29	97.56	5364	5.39	5.92
戏剧影视文学	4.68	91.54	4559	5.70	6.67
公共事业管理	4.76	93.94	4090	6.11	5.63
应用心理学	4.77	90.91	4059	5.96	6.62
社会工作	4.89	92.66	4191	5.88	6.39

本科文理类专业名称	专业相关度	就业率	平均月收入	就业满意度	专业知识满足度
广播电视学	4.90	96.46	5031	5.81	5.99
城乡规划	4.92	92.09	4175	5.78	6.00
产品设计	4.93	97.35	5446	5.80	5.36
广播电视编导	4.93	91.57	4616	6.34	7.10
河南省本科文理类平均	6.62	94.92	4435	6.36	6.93

5. 就业满意度最低的 20 个本科专业

河南省 2017 届本科毕业生就业满意度最低的专业为环境工程和临床医学（均为 4.96 分），其次为安全工程（5.17 分），第三是测绘工程（5.26 分）。

表 4-3-5 河南省 2017 届本科毕业生就业满意度最低的 20 个专业分布

（就业满意度 / 专业相关度 / 专业知识满足度单位：分；就业率单位：%；平均月收入单位：元）

本科专业名称	就业满意度	就业率	平均月收入	专业相关度	专业知识满足度
环境工程	4.96	99.22	4736	5.40	6.02
临床医学	4.96	94.71	3174	8.39	6.97
安全工程	5.17	98.82	5711	4.94	5.48
测绘工程	5.26	97.70	5596	5.36	7.23
机械工程	5.34	93.59	6285	5.20	6.05
医学检验技术	5.38	95.60	3644	7.98	7.76
药学	5.38	93.87	4184	6.99	6.80
植物保护	5.38	96.72	4168	2.30	6.97
采矿工程	5.38	96.77	5382	4.00	6.59
工业工程	5.39	97.56	5364	4.29	5.92
工程管理	5.41	96.72	5048	6.20	5.59

续表

本科专业名称	就业满意度	就业率	平均月收入	专业相关度	专业知识满足度
水利水电工程	5.43	98.59	5649	6.88	6.57
道路桥梁与渡河工程	5.45	94.57	6222	7.91	7.43
制药工程	5.45	91.74	4469	5.17	6.16
药物制剂	5.48	98.06	5485	6.22	6.54
工程造价	5.49	100.00	4415	7.02	5.21
能源与动力工程	5.55	97.09	5429	6.58	6.41
服装与服饰设计	5.56	90.54	5267	5.43	6.25
思想政治教育	5.56	94.66	3027	7.97	6.93
光电信息科学与工程	5.56	97.26	6055	4.66	6.21
河南省本科平均	6.38	94.97	4744	6.51	6.97

6. 专业知识满足度最低的 10 个本科工农医类专业

河南省 2017 届本科毕业生专业知识满足度最低的本科工农医类专业为工业设计（4.90 分），其次为工程造价（5.21 分），第三是安全工程（5.48 分）。

表 4–3–6　河南省 2017 届本科毕业生专业知识满足度最低的 10 个本科工农医类专业分布

（就业满意度 / 专业相关度 / 专业知识满足度单位：分；就业率单位：%；平均月收入单位：元）

本科工农医类专业名称	专业知识满足度	就业率	平均月收入	专业相关度	就业满意度
工业设计	4.90	98.57	5638	4.54	5.66
工程造价	5.21	100.00	4415	7.02	5.49
安全工程	5.48	98.82	5711	4.94	5.17
过程装备与控制工程	5.53	95.08	5327	5.34	5.57

续表

本科工农医类专业名称	专业知识满足度	就业率	平均月收入	专业相关度	就业满意度
测控技术与仪器	5.66	97.37	6189	5.11	5.73
环境工程	6.02	99.22	4736	5.40	4.96
机械工程	6.05	93.59	6285	5.20	5.34
制药工程	6.16	91.74	4469	5.17	5.45
材料科学与工程	6.19	97.92	6572	3.55	5.59
光电信息科学与工程	6.21	97.26	6055	4.66	5.56
河南省本科工农医类平均	6.75	95.95	5340	6.13	6.12

7. 专业知识满足度最低的 10 个本科文理类专业

河南省 2017 届本科毕业生专业知识满足度最低的本科文理类专业为产品设计（5.36 分），其次为工程管理（5.59 分），第三是公共事业管理（5.63 分）。

表 4-3-7 河南省 2017 届本科毕业生专业知识满足度最低的 10 个本科文理类专业分布
（就业满意度 / 专业相关度 / 专业知识满足度单位：分；就业率单位：%；平均月收入单位：元）

本科文理列专业名称	专业知识满足度	就业率	平均月收入	专业相关度	就业满意度
产品设计	5.36	97.35	5446	4.93	5.80
工程管理	5.59	96.72	5048	6.20	5.41
公共事业管理	5.63	93.94	4090	4.76	6.11
劳动与社会保障	5.74	97.92	4624	4.07	5.71
电子商务	5.75	96.77	5450	5.46	6.29
行政管理	5.86	90.88	4795	5.05	6.00
工业工程	5.92	97.56	5364	4.29	5.39

续表

本科文理列专业名称	专业知识满足度	就业率	平均月收入	专业相关度	就业满意度
广播电视学	5.99	96.46	5031	4.90	5.81
城乡规划	6.00	92.09	4175	4.92	5.78
人力资源管理	6.04	95.31	4695	5.96	5.90
河南省本科文理类平均	**6.93**	**94.92**	**4435**	**6.62**	**6.36**

8. 本科预警专业

综合就业率、平均月收入、专业相关度、就业满意度、专业知识满足度5项指标来看，综合指数小于等于2%的专业被锁定为预警专业。河南省2017届本科预警专业为：植物保护（82.43%）、劳动与社会保障（86.87%）、工业设计（88.05%）。上述专业的专业综合指数偏低，为高风险型的专业，需要教育主管部门和高校重点调控。

表 4-3-8　河南省 2017 届本科预警专业分布

（综合指数 / 就业率单位：%；平均月收入单位：元；就业满意度 / 专业相关度 / 专业知识满足度单位：分）

本科专业名称	综合指数	就业率	平均月收入	专业相关度	工作满意度	专业知识满足度
植物保护	82.43	96.72	4168	6.97	2.30	5.38
劳动与社会保障	86.87	97.92	4624	4.07	5.71	5.74
工业设计	88.05	98.57	5638	4.90	4.54	5.66
河南省本科平均	—	**94.97**	**4744**	**6.51**	**6.38**	**6.97**

表 4-3-9 河南省 2017 届本科预警专业排名分布

（综合指数 / 就业率单位：%；平均月收入单位：元；就业满意度 / 专业相关度 / 专业知识满足度单位：分）

本科专业名称	入选原因	就业率专业排名	平均月收入专业排名	专业相关度在工农医类专业中的排名	专业相关度在文理类专业中的排名	就业满意度专业排名	专业知识满足度在工农医类专业中的排名	专业知识满足度在文理类专业中的排名
植物保护	专业相关度倒数第1，就业满意度倒数第8	倒数第37	倒数第30	倒数第1	—	倒数第8	倒数第32	—
劳动与社会保障	专业相关度倒数第1，专业知识满足度倒数第4	倒数第102	倒数第52	—	倒数第1	倒数第27	—	倒数第4
工业设计	专业知识满足度倒数第1，专业相关度倒数第6，就业率倒数第8	倒数第8	倒数第96	倒数第6	—	倒数第24	倒数第1	—

（二）本科重点发展专业

1. 就业率最高的 20 个本科专业

河南省 2017 届本科毕业生就业率最高的工程造价（100.00%），其次环境工程（99.22%），第三是管理科学（99.01%）。

表 4-3-10　河南省 2017 届本科毕业生就业率最高的 20 个专业分布

（就业率单位：%；平均月收入单位：元；专业相关度 / 就业满意度专业知识满足度单位：分）

本科专业名称	就业率	平均月收入	专业相关度	就业满意度	专业知识满足度
工程造价	100.00	4415	7.02	5.49	5.21
环境工程	99.22	4736	5.40	4.96	6.02
管理科学	99.01	4359	5.77	6.74	6.74
安全工程	98.82	5711	4.94	5.17	5.48
建筑环境与能源应用工程	98.75	4905	6.71	6.28	7.02
治安学	98.72	4027	7.41	6.59	8.03
水利水电工程	98.59	5649	6.88	5.43	6.57
工业设计	98.57	5638	4.54	5.66	4.90
轨道交通信号与控制	98.51	5571	7.25	7.97	7.88
园林	98.31	4292	6.35	6.85	6.96
药物制剂	98.06	5485	6.22	5.48	6.54
材料科学与工程	97.92	6572	3.55	5.59	6.19
劳动与社会保障	97.92	4624	4.07	5.71	5.74
信息与计算科学	97.89	5552	4.97	5.65	6.74
历史学	97.87	4099	7.37	6.24	7.55
物理学	97.81	4035	8.16	7.92	8.23
武术与民族传统体育	97.78	3468	6.74	7.03	7.41
物流管理	97.71	5097	5.77	6.69	7.29
测绘工程	97.70	5596	5.36	5.26	7.23
电子信息科学与技术	97.69	5611	7.70	8.26	7.95
河南省本科平均	94.97	4744	6.51	6.38	6.97

2. 平均月收入最高的 20 个本科专业

河南省 2017 届本科毕业生平均月收入最高的专业为建筑学（7343 元），其次是网络工程（7251 元），第三是物联网工程（7114 元）。

表 4-3-11　河南省 2017 届本科毕业生平均月收入最高的 20 个专业分布

（平均月收入单位：元；就业率单位：%；专业相关度 / 就业满意度 / 专业知识满足度单位：分）

本科专业名称	平均月收入	就业率	专业相关度	就业满意度	专业知识满足度
建筑学	7343	97.55	8.23	7.27	7.61
网络工程	7251	96.92	6.68	6.58	6.83
物联网工程	7114	96.47	6.74	6.84	7.07
软件工程	6787	97.61	6.79	6.20	6.44
计算机科学与技术	6628	95.06	7.20	6.57	6.69
材料科学与工程	6572	97.92	3.55	5.59	6.19
计算机科学与技术（软件方向）	6563	95.38	6.28	6.07	6.64
机械工程	6285	93.59	5.20	5.34	6.05
道路桥梁与渡河工程	6222	94.57	7.91	5.45	7.43
测控技术与仪器	6189	97.37	5.11	5.73	5.66
光电信息科学与工程	6055	97.26	4.66	5.56	6.21
自动化	5901	94.57	5.66	6.16	7.02
播音与主持艺术	5836	91.26	6.11	6.47	7.35
信息管理与信息系统	5811	92.79	5.24	6.23	6.07
电子信息工程	5804	95.65	5.87	6.87	6.87
安全工程	5711	98.82	4.94	5.17	5.48
交通运输	5693	96.39	6.91	7.41	7.81
水利水电工程	5649	98.59	6.88	5.43	6.57

续表

本科专业名称	平均月收入	就业率	专业相关度	就业满意度	专业知识满足度
工业设计	5638	98.57	4.54	5.66	4.90
通信工程	5633	97.20	5.84	6.56	6.56
河南省本科平均	4744	94.97	6.51	6.38	6.97

3. 专业相关度最高的 10 个本科工农医类专业

河南省 2017 届本科毕业生专业相关度最高的本科工农医类专业为护理学（8.52分），其次是临床医学（8.39分），第三是建筑学（8.23分）。

表 4-3-12　南省 2017 届本科毕业生专业相关度最高的 10 个本科工农医类专业分布
（专业相关度 / 就业满意度 / 专业知识满足度单位：分；就业率单位：%；平均月收入单位：元）

本科工农医类专业名称	专业相关度	就业率	平均月收入	就业满意度	专业知识满足度
护理学	8.52	96.96	5273	5.76	7.44
临床医学	8.39	94.71	3174	4.96	6.97
建筑学	8.23	97.55	7343	7.27	7.61
给排水科学与工程	8.03	95.79	5271	6.29	6.92
医学检验技术	7.98	95.60	3644	5.38	7.76
道路桥梁与渡河工程	7.91	94.57	6222	5.45	7.43
轨道交通信号与控制	7.25	98.51	5571	7.97	7.88
计算机科学与技术	7.20	95.06	6628	6.57	6.69
车辆工程	7.16	95.51	5139	6.72	7.08
信息工程	7.03	96.55	5408	7.58	7.12
河南省本科工农医类平均	6.13	95.95	5340	6.12	6.75

4. 专业相关度最高的 10 个本科文理类专业

河南省 2017 届本科毕业生专业相关度最高的本科文理类专业为小学教育（8.52 分），其次为物理学（8.16 分），第三是地理科学（8.03 分）。

表 4-3-13　河南省 2017 届本科毕业生专业相关度最高的 10 个本科文理类专业分布
（专业相关度 / 就业满意度 / 专业知识满足度单位：分；就业率单位：%；平均月收入单位：元）

本科文理类专业名称	专业相关度	就业率	平均月收入	就业满意度	专业知识满足度
小学教育	8.52	94.14	2892	5.83	7.50
物理学	8.16	97.81	4035	7.92	8.23
地理科学	8.03	96.30	3460	6.06	6.93
汉语言文学	7.97	95.86	3263	5.95	7.48
思想政治教育	7.97	94.66	3027	5.56	6.93
数学与应用数学	7.70	96.70	4339	6.31	7.34
电子信息科学与技术	7.70	97.69	5611	8.26	7.95
学前教育	7.65	95.86	3355	6.74	7.39
财务管理	7.59	95.60	4856	7.22	7.82
化学	7.57	96.36	3629	6.53	7.55
河南省本科文理类平均	6.62	94.92	4435	6.36	6.93

5. 就业满意度最高的 20 个本科专业

河南省 2017 届本科毕业生就业满意度最高的专业为文化产业管理（8.32 分），其次为电子信息科学与技术（8.26 分），第三是轨道交通信号与控制（7.97 分）。

表 4-3-14　河南省 2017 届本科毕业生就业满意度最高的 20 个专业分布
（就业满意度 / 专业相关度 / 专业知识满足度单位：分；就业率单位：%；平均月收入单位：元）

本科专业名称	就业满意度	就业率	平均月收入	专业相关度	专业知识满足度
文化产业管理	8.32	93.75	4922	7.30	8.16
电子信息科学与技术	8.26	97.69	5611	7.70	7.95
轨道交通信号与控制	7.97	98.51	5571	7.25	7.88
物理学	7.92	97.81	4035	8.16	8.23
信息工程	7.58	96.55	5408	7.03	7.12
食品质量与安全	7.44	96.92	5263	6.00	7.64
交通运输	7.41	96.39	5693	6.91	7.81
建筑学	7.27	97.55	7343	8.23	7.61
财务管理	7.22	95.60	4856	7.59	7.82
工商管理	7.13	94.45	4839	6.58	7.11
视觉传达设计	7.10	97.17	4901	6.80	7.26
动画	7.09	96.77	5066	6.66	7.26
生物科学	7.05	93.89	3955	7.00	7.68
武术与民族传统体育	7.03	97.78	3468	6.74	7.41
新闻学	7.02	94.85	4366	6.68	6.54
电子科学与技术	7.00	96.59	5614	5.60	6.68
运动训练	6.91	95.54	3662	5.92	6.89
电子信息工程	6.87	95.65	5804	5.87	6.87
园林	6.85	98.31	4292	6.35	6.96
物联网工程	6.84	96.47	7114	6.74	7.07
河南省本科平均	6.38	94.97	4744	6.51	6.97

6. 专业知识满足度度最高的 10 个本科工农医类专业

河南省 2017 届本科毕业生专业知识满足度最高的本科工农医类专业为

轨道交通信号与控制（7.88分），其次为交通运输（7.81分），第三是医学检验技术（7.76分）。

表4-3-15　河南省2017届本科毕业生专业知识满足度最高的10个本科工农医类专业分布

（就业满意度/专业相关度/专业知识满足度单位：分；就业率单位：%；平均月收入单位：元）

本科工农医类专业名称	专业知识满足度	就业率	平均月收入	专业相关度	就业满意度
轨道交通信号与控制	7.88	98.51	5571	7.25	7.97
交通运输	7.81	96.39	5693	6.91	7.41
医学检验技术	7.76	95.60	3644	7.98	5.38
刑事科学技术	7.66	94.79	3749	5.56	6.03
食品质量与安全	7.64	96.92	5263	6.00	7.44
建筑学	7.61	97.55	7343	8.23	7.27
护理学	7.44	96.96	5273	8.52	5.76
道路桥梁与渡河工程	7.43	94.57	6222	7.91	5.45
测绘工程	7.23	97.70	5596	5.36	5.26
电气工程及其自动化	7.21	95.88	5231	6.76	6.69
河南省本科工农医类平均	6.75	95.95	5340	6.13	6.12

7. 专业知识满足度度最高的10个本科文理类专业

河南省2017届本科毕业生专业知识满足度最高的本科文理类专业为物理学（8.23分），其次为文化产业管理（8.16分），第三是社会体育指导与管理（8.12分）。

表 4-3-16 河南省 2017 届本科毕业生专业知识满足度最高的 10 个本科文理类专业分布（就业满意度 / 专业相关度 / 专业知识满足度单位：分；就业率单位：%；平均月收入单位：元）

本科文理类专业名称	专业知识满足度	就业率	平均月收入	专业相关度	就业满意度
物理学	8.23	97.81	4035	8.16	7.92
文化产业管理	8.16	93.75	4922	7.30	8.32
社会体育指导与管理	8.12	94.07	4610	7.25	6.69
治安学	8.03	98.72	4027	7.41	6.59
电子信息科学与技术	7.95	97.69	5611	7.70	8.26
财务管理	7.82	95.60	4856	7.59	7.22
体育教育	7.82	95.05	3534	7.04	6.40
音乐学	7.74	94.71	3804	7.23	6.63
音乐表演	7.72	94.35	3965	6.01	6.46
生物科学	7.68	93.89	3955	7.00	7.05
河南省本科文理类平均	6.93	94.92	4435	6.62	6.36

8. 本科重点发展专业

综合就业率、平均月收入、专业相关度、就业满意度、专业知识满足度 5 项指标来看，综合指数大于等于 95% 的专业被锁定为重点发展专业。河南省 2017 届本科重点发展专业为：建筑学（116.78%）、电子信息科学与技术（116.42%）、物理学（113.99%）、轨道交通信号与控制（113.79%）、文化产业管理（113.52%）。上述专业的为需求增长型专业，是需要重点发展的专业。

表 4-3-17 河南省 2017 届本科重点发展专业分布

（综合指数 / 就业率单位：%；平均月收入单位：元；就业满意度 / 专业相关度 / 专业知识满足度单位：分）

本科专业名称	综合指数	就业率	平均月收入	专业相关度	工作满意度	专业知识满足度
建筑学	116.78	97.55	7343	8.23	7.27	7.61
电子信息科学与技术	116.42	97.69	5611	7.70	8.26	7.95
物理学	113.99	97.81	4035	8.16	7.92	8.23
轨道交通信号与控制	113.79	98.51	5571	7.25	7.97	7.88
文化产业管理	113.52	93.75	4922	7.30	8.32	8.16
河南省本科平均	—	94.97	4744	6.51	6.38	6.97

表 4-3-18 河南省 2017 届本科重点发展专业排名分布

（综合指数 / 就业率单位：%；平均月收入单位：元；就业满意度 / 专业相关度 / 专业知识满足度单位：分）

本科专业名称	入选原因	就业率专业排名	平均月收入专业排名	专业相关度在工农医类专业中的排名	专业相关度在文理类专业中的排名	就业满意度专业排名	专业知识满足度在工农医类专业中的排名	专业知识满足度在文理类专业中的排名
建筑学	平均月收入第1，专业相关度第3，专业知识满足度第6，就业满意度第8	24	1	3	--	8	6	--

续表

本科专业名称	入选原因	就业率专业排名	平均月收入专业排名	专业相关度在工农医类专业中的排名	专业相关度文在理类专业中的排名	就业满意度专业排名	专业知识满足度在工农医类专业中的排名	专业知识满足度文在理类专业中的排名
电子信息科学与技术	专业知识满足度第5，专业相关度第7	20	22	--	7	16	--	5
物理学	专业知识满足度第1，专业相关度第2，就业满意度第4	16	89	--	2	4	--	1
轨道交通信号与控制	专业知识满足度第1，就业满意度第3，专业相关的第7，就业率第9	9	24	7	--	3	1	--
文化产业管理	就业满意度第1，专业知识满足度均为第2	96	52	--	14	1	--	2

（三）本科持续关注专业

综合就业率、平均月收入、专业相关度、就业满意度、专业知识满足度 5 项指标来看，综合指数大于 2% 并且小于等于 5% 被锁定为持续关注专业。尽管这些专业的综合指数高于预警专业，但仍存在潜在的风险。教育主管部门和高校需对此进行关注，跟踪并监测，根据各项指标的变化，采取对应措施，以防止其发展成为预警专业。

河南省 2017 届本科持续关注专业为：城乡规划（88.06%）、公共事业管理（88.08%）和工业工程（88.31%）。上述专业需重点关注，避免其成为高风险型专业。

表 4-3-19　河南省 2017 届本科持续关注专业分布

（综合指数 / 就业率单位：%；平均月收入单位：元；就业满意度 / 专业相关度 / 专业知识满足度单位：分）

本科专业名称	综合指数	就业率	平均月收入	专业相关度	工作满意度	专业知识满足度
城乡规划	88.06	92.09	4175	4.92	5.78	6.00
公共事业管理	88.08	93.94	4090	4.76	6.11	5.63
工业工程	88.31	97.56	5364	4.29	5.39	5.92
河南省本科平均	—	94.97	4744	6.51	6.38	6.97

四、高职高专专业预警分析

（一）高职高专预警专业

1. 就业率最低的 20 个专科专业

河南省 2017 届专科毕业生就业率最低的专业为法律文秘（76.47%），其次为人力资源管理（80.09%），第三是食品加工技术（86.90%）。

表 4-4-1　河南省 2017 届专科毕业生就业率最低的 20 个专业分布

（就业率单位：%；平均月收入单位：元；专业相关度 / 就业满意度 / 专业知识满足度单位：分）

专科专业名称	就业率	平均月收入	专业相关度	就业满意度	专业知识满足度
法律文秘	76.47	3644	5.36	5.80	7.82
人力资源管理	80.09	4384	5.76	6.78	7.50
食品加工技术	86.90	3520	4.42	5.99	5.97
投资与理财	87.06	3855	3.29	5.71	6.22
英语教育	88.05	2950	7.67	6.14	7.48
应用英语	88.33	3837	4.41	5.92	6.38
美术教育	88.46	3089	6.41	6.72	7.73
计算机多媒体技术	88.48	4399	5.65	5.90	6.51
初等教育	88.57	3048	6.99	6.25	7.74
临床医学	88.86	2934	7.64	6.60	7.93
数学教育	89.90	2616	8.08	6.02	7.85
警察管理	90.00	3862	6.23	6.45	6.86
营销与策划	90.43	4707	5.52	6.49	7.26
城市轨道交通运营管理	90.48	3667	1.82	5.37	4.17
康复治疗技术	90.74	2834	7.66	5.85	8.06
语文教育	90.88	3151	7.72	6.17	7.65
财务管理	90.97	3506	5.00	5.73	6.77
艺术设计	91.14	3717	6.28	6.70	6.73
供热通风与空调工程技术	91.14	4328	6.89	6.60	6.85
金融与证券	91.18	4265	4.92	6.12	6.93
河南省专科平均	93.69	4077	6.58	6.77	7.40

2. 平均月收入最低的 20 个专科专业

河南省 2017 届专科毕业生平均月收入最低的专业为中医学（2574 元），其次为数学教育（2616 元），第三是助产（2718 元）。

表 4-4-2　河南省 2017 届专科毕业生平均月收入最低的 20 个专业分布

（平均月收入单位：元；就业率单位：%；专业相关度 / 就业满意度 / 专业知识满足度单位：分）

专科专业名称	平均月收入	就业率	专业相关度	就业满意度	专业知识满足度
中医学	2574	93.81	7.01	5.07	6.75
数学教育	2616	89.90	8.08	6.02	7.85
助产	2718	95.65	6.99	5.24	7.13
学前教育	2723	94.49	7.75	6.23	7.43
音乐表演	2738	94.44	5.39	5.60	6.29
康复治疗技术	2834	90.74	7.66	5.85	8.06
医学影像技术	2909	93.15	8.72	8.36	8.74
临床医学	2934	88.86	7.64	6.60	7.93
英语教育	2950	88.05	7.67	6.14	7.48
初等教育	3048	88.57	6.99	6.25	7.74
美术教育	3089	88.46	6.41	6.72	7.73
语文教育	3151	90.88	7.72	6.17	7.65
药学	3220	92.37	6.56	5.82	7.25
医学检验技术	3235	95.49	8.21	7.40	8.48
音乐教育	3290	93.44	5.85	6.34	6.68
护理	3322	94.07	8.10	6.88	8.13
会计与统计核算	3412	95.97	5.03	5.91	7.09
供用电技术	3417	91.94	5.37	5.47	7.03
园林工程技术	3466	96.04	4.77	5.59	6.79
财务管理	3506	90.97	5.00	5.73	6.77
河南省专科平均	**4077**	**93.69**	**6.58**	**6.77**	**7.40**

3. 专业相关度最低的 10 个专科工农医类专业

河南省 2017 届专科毕业生专业相关度最低的专科工农医类专业为城市轨道交通运营管理（1.82 分），其次为汽车运用技术（3.75 分），第三是房地产经营与估价（3.97 分）。

表 4-4-3　河南省 2017 届专科毕业生专业相关度最低的 10 个专科工农医类专业分布
（专业相关度 / 就业满意度 / 专业知识满足度单位：分；就业率单位：%；平均月收入单位：元）

专科工农医类专业名称	专业相关度	就业率	平均月收入	就业满意度	专业知识满足度
城市轨道交通运营管理	1.82	90.48	3667	5.37	4.17
汽车运用技术	3.75	92.31	3855	4.94	5.14
房地产经营与估价	3.97	92.54	4997	5.91	6.71
计算机信息管理	4.13	96.83	4227	5.71	6.09
煤矿开采技术	4.36	91.78	3963	6.44	6.91
电子信息工程技术	4.39	94.70	4833	5.96	5.40
食品加工技术	4.42	86.90	3520	5.99	5.97
园林工程技术	4.77	96.04	3466	5.59	6.79
水利水电建筑工程	4.95	96.77	3576	6.07	6.13
物联网应用技术	5.12	95.00	5131	6.61	6.05
河南省专科工农医类平均	6.29	94.15	4180	6.66	7.19

4. 专业相关度最低的 10 个专科文理类专业

河南省 2017 届专科毕业生专业相关度最低的专科文理类专业为国际经济与贸易（3.21 分），其次为投资与理财（3.29 分），第三是应用英语（4.41 分）。

表4-4-4　河南省2017届专科毕业生专业相关度最低的10个专科文理类专业分布

（专业相关度/就业满意度/专业知识满足度单位：分；就业率单位：%；平均月收入单位：元）

专科文理类专业名称	专业相关度	就业率	平均月收入	就业满意度	专业知识满足度
国际经济与贸易	3.21	96.15	4976	6.10	6.23
投资与理财	3.29	87.06	3855	5.71	6.22
应用英语	4.41	88.33	3837	5.92	6.38
文秘	4.79	93.24	3841	5.37	6.50
新闻采编与制作	4.88	93.59	4345	6.07	6.75
金融与证券	4.92	91.18	4265	6.12	6.93
财务管理	5.00	90.97	3506	5.73	6.77
会计与统计核算	5.03	95.97	3412	5.91	7.09
会计	5.11	91.82	3760	5.72	6.48
金融管理与实务	5.14	95.14	4553	6.64	7.40
河南省专科文理类、平均	5.90	92.57	3905	6.45	7.12

5. 就业满意度最低的20个专科专业

河南省2017届专科毕业生就业满意度最低的专业为汽车运用技术（4.94分），其次为中医学（5.07分），第三是助产（5.24分）。

表4-4-5　河南省2017届专科毕业生就业满意度最低的20个专业分布

（就业满意度/专业相关度/专业知识满足度单位：分；就业率单位：%；平均月收入单位：元）

专科专业名称	就业满意度	就业率	平均月收入	专业相关度	专业知识满足度
汽车运用技术	4.94	92.31	3855	3.75	5.14
中医学	5.07	93.81	2574	7.01	6.75
助产	5.24	95.65	2718	6.99	7.13
城市轨道交通运营管理	5.37	90.48	3667	1.82	4.17

续表

专科专业名称	就业满意度	就业率	平均月收入	专业相关度	专业知识满足度
文秘	5.37	93.24	3841	4.79	6.50
供用电技术	5.47	91.94	3417	5.37	7.03
会计（注册会计师方向）	5.56	92.56	3967	5.53	6.59
园林工程技术	5.59	96.04	3466	4.77	6.79
音乐表演	5.60	94.44	2738	5.39	6.29
环境艺术设计	5.66	91.30	3997	5.66	6.81
投资与理财	5.71	87.06	3855	3.29	6.22
计算机信息管理	5.71	96.83	4227	4.13	6.09
会计	5.72	91.82	3760	5.11	6.48
财务管理	5.73	90.97	3506	5.00	6.77
法律文秘	5.80	76.47	3644	5.36	7.82
药学	5.82	92.37	3220	6.56	7.25
康复治疗技术	5.85	90.74	2834	7.66	8.06
装饰艺术设计	5.88	97.00	3918	5.20	6.34
计算机多媒体技术	5.90	88.48	4399	5.65	6.51
会计与统计核算	5.91	95.97	3412	5.03	7.09
河南省专科平均	**6.77**	**93.69**	**4077**	**6.58**	**7.40**

6. 专业知识满足度最低的 10 个专科工农医类专业

河南省 2017 届专科毕业生专业知识满足度最低的工农医类专业为城市轨道交通运营管理（4.17 分），其次为汽车运用技术（5.14 分），第三是电子信息工程技术（5.40 分）。

表 4-4-6 河南省 2017 届专科毕业生专业知识满足度最低的 10 个专科工农医类专业分布

（就业满意度 / 专业相关度 / 专业知识满足度单位：分；就业率单位：%；平均月收入单位：元）

专科工农医类专业名称	专业知识满足度	就业率	平均月收入	专业相关度	就业满意度
城市轨道交通运营管理	4.17	90.48	3667	1.82	5.37
汽车运用技术	5.14	92.31	3855	3.75	4.94
电子信息工程技术	5.40	94.70	4833	4.39	5.96
动漫设计与制作	5.89	93.01	3815	5.15	6.43
食品加工技术	5.97	86.90	3520	4.42	5.99
物联网应用技术	6.05	95.00	5131	5.12	6.61
计算机信息管理	6.09	96.83	4227	4.13	5.71
水利水电建筑工程	6.13	96.77	3576	4.95	6.07
服装设计	6.38	97.76	3545	6.12	6.62
计算机多媒体技术	6.51	88.48	4399	5.65	5.90
河南省专科工农医类平均	7.19	94.15	4180	6.29	6.66

7. 专业知识满足度最低的 10 个专科文理类专业

河南省 2017 届专科毕业生专业知识满足度最低的文理类专业为投资与理财（6.22 分），其次为国际经济与贸易（6.23 分），第三是音乐表演（6.29 分）。

表 4-4-7 河南省 2017 届专科毕业生专业知识满足度最低的 10 个专科文理类专业分布

（就业满意度 / 专业相关度 / 专业知识满足度单位：分；就业率单位：%；平均月收入单位：元）

专科文理类专业名称	专业知识满足度	就业率	平均月收入	专业相关度	就业满意度
投资与理财	6.22	87.06	3855	3.29	5.71
国际经济与贸易	6.23	96.15	4976	3.21	6.10
音乐表演	6.29	94.44	2738	5.39	5.60

续表

专科文理类专业名称	专业知识满足度	就业率	平均月收入	专业相关度	就业满意度
装饰艺术设计	6.34	97.00	3918	5.20	5.88
应用英语	6.38	88.33	3837	4.41	5.92
工商企业管理	6.40	95.29	4611	5.29	6.42
会计	6.48	91.82	3760	5.11	5.72
文秘	6.50	93.24	3841	4.79	5.37
会展策划与管理	6.52	98.10	4020	5.46	6.28
会计（注册会计师方向）	6.59	92.56	3967	5.53	5.56
河南省专科文理类平均	**7.12**	**92.57**	**3905**	**5.90**	**6.45**

8. 专科预警专业

综合就业率、平均月收入、专业相关度、就业满意度、专业知识满足度 5 项指标来看，综合指数小于等于 2% 的专业被锁定为预警专业。河南省 2017 届专科预警专业为：城市轨道交通运营管理（69.73%）和汽车运用技术（77.59%）。上述专业的专业综合指数偏低，为高风险型的专业，需要教育主管部门和高校重点调控。

表 4-4-8　河南省 2017 届专科预警专业分布

（综合指数 / 就业率单位：%；平均月收入单位：元；就业满意度 / 专业相关度 / 专业知识满足度单位：分）

专科专业名称	综合指数	就业率	平均月收入	专业相关度	工作满意度	专业知识满足度
城市轨道交通运营管理	69.73	90.48	3667	1.82	5.37	4.17
汽车运用技术	77.59	92.31	3855	3.75	4.94	5.14
河南省专科平均	**—**	**93.69**	**4077**	**6.58**	**6.77**	**7.40**

表 4-4-9　河南省 2017 届专科预警专业排名分布

（综合指数 / 就业率单位：%；平均月收入单位：元；就业满意度 / 专业相关度 / 专业知识满足度单位：分）

专科专业名称	入选原因	就业率专业排名	平均月收入专业排名	专业相关度在工农医类专业中的排名	专业相关度在文理类专业中的排名	就业满意度专业排名	专业知识满足度在工农医类专业中的排名	专业知识满足度在文理类专业中的排名
城市轨道交通运营管理	专业相关度和专业知识满足度均为倒数第 1，就业满意度倒数第 4	倒数第14	倒数第28	倒数第1	—	倒数第4	倒数第1	—
汽车运用技术	就业满意度倒数第1，专业相关度和专业知识满足度均为倒数第2	倒数第30	倒数第39	倒数第2	—	倒数第1	倒数第2	—

（二）高职高专重点发展专业

1. 就业率最高的 20 个专科专业

河南省 2017 届专科毕业生就业率最高的专业为会展策划与管理（98.10%），其次为金融保险（97.99%），第三是应用电子技术和汽车电子技术（均为 97.78%）。

表4-4-10　河南省2017届专科毕业生就业率最高的20个专业分布

（就业率单位：%；平均月收入单位：元；专业相关度／就业满意度／专业知识满足度单位：分）

专科专业名称	就业率	平均月收入	专业相关度	就业满意度	专业知识满足度
会展策划与管理	98.10	4020	5.46	6.28	6.52
金融保险	97.99	5508	8.04	8.90	8.71
应用电子技术	97.78	4565	6.22	6.91	7.15
汽车电子技术	97.78	4236	7.95	7.92	8.39
服装设计	97.76	3545	6.12	6.62	6.38
连锁经营管理	97.53	4779	6.05	7.54	7.46
室内设计技术	97.45	3574	8.55	8.82	8.84
工程测量技术	97.42	4392	7.48	7.48	8.44
旅游英语	97.35	3925	6.79	7.28	7.73
兽医	97.18	4076	6.91	6.74	7.46
装饰艺术设计	97.00	3918	5.20	5.88	6.34
建筑装饰工程技术	96.89	4926	8.04	8.37	8.36
机械设计与制造	96.85	6034	7.22	7.64	7.95
计算机信息管理	96.83	4227	4.13	5.71	6.09
水利水电建筑工程	96.77	3576	4.95	6.07	6.13
建筑工程管理	96.72	4172	6.77	6.27	7.08
汽车技术服务与营销	96.67	4098	6.09	6.63	7.30
装潢艺术设计	96.49	4442	6.12	6.90	6.96
模具设计与制造	96.43	4819	6.04	6.88	7.22
电子商务	96.22	4577	5.85	6.77	6.92
河南省专科平均	93.69	4077	6.58	6.77	7.40

2. 平均月收入最高的 20 个专科专业

河南省 2017 届专科毕业生平均月收入最高的专业为空中乘务（6474元），其次为软件技术（6062 元），第三是机械设计与制造（6034 元）。

表 4-4-11　河南省 2017 届专科毕业生平均月收入最高的 20 个专业分布

（平均月收入单位：元；就业率单位：%；专业相关度 / 就业满意度 / 专业知识满足度单位：分）

专科专业名称	平均月收入	就业率	专业相关度	就业满意度	专业知识满足度
空中乘务	6474	93.33	5.61	6.04	7.69
软件技术	6062	92.04	6.78	6.96	6.58
机械设计与制造	6034	96.85	7.22	7.64	7.95
金融保险	5508	97.99	8.04	8.90	8.71
物联网应用技术	5131	95.00	5.12	6.61	6.05
计算机网络技术	5058	94.65	6.48	7.25	6.70
机械制造与自动化	5013	95.87	5.67	6.26	6.74
房地产经营与估价	4997	92.54	3.97	5.91	6.71
国际经济与贸易	4976	96.15	3.21	6.10	6.23
建筑装饰工程技术	4926	96.89	8.04	8.37	8.36
计算机应用技术	4895	93.81	6.25	6.64	7.05
电子信息工程技术	4833	94.70	4.39	5.96	5.40
模具设计与制造	4819	96.43	6.04	6.88	7.22
建筑设计技术	4803	94.12	7.04	7.17	7.19
通信技术	4795	95.95	6.58	7.77	7.50
连锁经营管理	4779	97.53	6.05	7.54	7.46
数控技术	4745	95.01	7.94	8.31	8.35

专科专业名称	平均月收入	就业率	专业相关度	就业满意度	专业知识满足度
机电一体化技术	4727	95.83	6.03	6.84	7.07
营销与策划	4707	90.43	5.52	6.49	7.26
工商企业管理	4611	95.29	5.29	6.42	6.40
河南省专科平均	**4077**	**93.69**	**6.58**	**6.77**	**7.40**

3. 专业相关度最高的 10 个专科工农医类专业

河南省 2017 届专科毕业生专业相关度最高的专科工农医类专业为医学影像技术（8.72 分），其次为口腔医学（8.69 分），第三是室内设计技术（8.55 分）。

表 4-4-12　河南省 2017 届专科毕业生专业相关度最高的 10 个专科工农医类专业分布
（专业相关度 / 就业满意度 / 专业知识满足度单位：分；就业率单位：%；平均月收入单位：元）

专科工农医类专业名称	专业相关度	就业率	平均月收入	就业满意度	专业知识满足度
医学影像技术	8.72	93.15	2909	8.36	8.74
口腔医学	8.69	91.46	3585	7.43	8.00
室内设计技术	8.55	97.45	3574	8.82	8.84
医学检验技术	8.21	95.49	3235	7.40	8.48
护理	8.10	94.07	3322	6.88	8.13
建筑装饰工程技术	8.04	96.89	4926	8.37	8.36
汽车电子技术	7.95	97.78	4236	7.92	8.39
数控技术	7.94	95.01	4745	8.31	8.35
康复治疗技术	7.66	90.74	2834	5.85	8.06
临床医学	7.64	88.86	2934	6.60	7.93
河南省专科工农医类平均	**6.29**	**94.15**	**4180**	**6.66**	**7.19**

4. 专业相关度最高的 10 个专科文理类专业

河南省 2017 届专科毕业生专业相关度最高的专科文理类专业为数学教育（8.08 分），其次为金融保险（8.04 分），第三是学前教育（7.75 分）。

表 4-4-13 河南省 2017 届专科毕业生专业相关度最高的 10 个专科文理类专业分布
（专业相关度 / 就业满意度 / 专业知识满足度单位：分；就业率单位：%；平均月收入单位：元）

专科文理类专业名称	专业相关度	就业率	平均月收入	就业满意度	专业知识满足度
数学教育	8.08	89.90	2616	6.02	7.85
金融保险	8.04	97.99	5508	8.90	8.71
学前教育	7.75	94.49	2723	6.23	7.43
语文教育	7.72	90.88	3151	6.17	7.65
英语教育	7.67	88.05	2950	6.14	7.48
旅游管理	6.99	95.51	3686	7.38	7.61
初等教育	6.99	88.57	3048	6.25	7.74
旅游英语	6.79	97.35	3925	7.28	7.73
酒店管理	6.61	93.44	4294	7.25	7.55
法律事务	6.56	94.42	3511	7.14	7.68
河南省专科文理类平均	5.90	92.57	3905	6.45	7.12

5. 就业满意度最高的 20 个专科专业

河南省 2017 届专科毕业生就业满意度最高的专业为金融保险（8.90 分），其次为室内设计技术（8.82 分），第三是医学影像技术（8.37 分）。

表 4-4-14 河南省 2017 届专科毕业生就业满意度最高的 20 个专业分布
（就业满意度 / 专业相关度 / 专业知识满足度单位：分；就业率单位：%；平均月收入单位：元）

专科专业名称	就业满意度	就业率	平均月收入	专业相关度	专业知识满足度
金融保险	8.90	97.99	5508	8.04	8.71

专科专业名称	就业满意度	就业率	平均月收入	专业相关度	专业知识满足度
室内设计技术	8.82	97.45	3574	8.55	8.84
建筑装饰工程技术	8.37	96.89	4926	8.04	8.36
医学影像技术	8.36	93.15	2909	8.72	8.74
数控技术	8.31	95.01	4745	7.94	8.35
汽车电子技术	7.92	97.78	4236	7.95	8.39
通信技术	7.77	95.95	4795	6.58	7.50
应用化工技术	7.75	94.00	3740	6.71	7.97
机械设计与制造	7.64	96.85	6034	7.22	7.95
连锁经营管理	7.54	97.53	4779	6.05	7.46
工程测量技术	7.48	97.42	4392	7.48	8.44
食品营养与检测	7.44	91.92	3949	6.19	7.98
口腔医学	7.43	91.46	3585	8.69	8.00
汽车检测与维修技术	7.41	95.34	4303	6.61	7.63
医学检验技术	7.40	95.49	3235	8.21	8.48
旅游管理	7.38	95.51	3686	6.99	7.61
旅游英语	7.28	97.35	3925	6.79	7.73
建筑工程技术	7.25	95.31	4450	7.16	7.86
计算机网络技术	7.25	94.65	5058	6.48	6.70
酒店管理	7.25	93.44	4294	6.61	7.55
河南省专科平均	**6.77**	**93.69**	**4077**	**6.58**	**7.40**

6. 专业知识满足度最高的 10 个专科工农医类专业

河南省 2017 届专科毕业生专业知识满足度最高的工农医类专业为室内设计技术（8.84 分），其次为医学影像技术（8.74 分），第三是医学检验技术（8.48 分）。

表4-4-15　河南省2017届专科毕业生专业知识满足度最高的10个专科工农医类专业分布

（就业满意度/专业相关度/专业知识满足度单位：分；就业率单位：%；平均月收入单位：元）

专科工农医类专业名称	专业知识满足度	就业率	平均月收入	专业相关度	就业满意度
室内设计技术	8.84	97.45	3574	8.55	8.82
医学影像技术	8.74	93.15	2909	8.72	8.36
医学检验技术	8.48	95.49	3235	8.21	7.40
工程测量技术	8.44	97.42	4392	7.48	7.48
汽车电子技术	8.39	97.78	4236	7.95	7.92
建筑装饰工程技术	8.36	96.89	4926	8.04	8.37
数控技术	8.35	95.01	4745	7.94	8.31
护理	8.13	94.07	3322	8.10	6.88
康复治疗技术	8.06	90.74	2834	7.66	5.85
口腔医学	8.00	91.46	3585	8.69	7.43
河南省专科工农医类平均	7.19	94.15	4180	6.29	6.66

7. 专业知识满足度最高的10个专科文理类专业

河南省2017届专科毕业生专业知识满足度最高的文理类专业为金融保险（8.71分），其次为数学教育（7.85分），第三是法律文秘（7.82分）。

表4-4-16　河南省2017届专科毕业生专业知识满足度最高的10个专科文理类专业分布

（就业满意度/专业相关度/专业知识满足度单位：分；就业率单位：%；平均月收入单位：元）

专科文理类专业名称	专业知识满足度	就业率	平均月收入	专业相关度	就业满意度
金融保险	8.71	97.99	5508	8.04	8.90
数学教育	7.85	89.90	2616	8.08	6.02
法律文秘	7.82	76.47	3644	5.36	5.80

续表

专科文理类专业名称	专业知识满足度	就业率	平均月收入	专业相关度	就业满意度
初等教育	7.74	88.57	3048	6.99	6.25
美术教育	7.73	88.46	3089	6.41	6.72
旅游英语	7.73	97.35	3925	6.79	7.28
法律事务	7.68	94.42	3511	6.56	7.14
语文教育	7.65	90.88	3151	7.72	6.17
旅游管理	7.61	95.51	3686	6.99	7.38
会计电算化	7.61	93.15	3782	6.53	6.99
河南省专科文理类平均	**7.12**	**92.57**	**3905**	**5.90**	**6.45**

8. 专科重点发展专业

综合就业率、平均月收入、专业相关度、就业满意度、专业知识满足度 5 项指标来看，综合指数大于等于 95% 的专业被锁定为重点发展专业。河南省 2017 届专科重点发展专业为：金融保险（120.51%）、室内设计技术（117.18%）、建筑装饰工程技术（115.85%）和数控技术（114.37%）。上述专业的为需求增长型专业，是需要重点发展的专业。

表 4-4-17　河南省 2017 届专科重点发展专业分布

（综合指数/就业率单位：%；平均月收入单位：元；就业满意度/专业相关度/专业知识满足度单位：分）

专科专业名称	综合指数	就业率	平均月收入	专业相关度	工作满意度	专业知识满足度
金融保险	120.51	97.99	5508	8.04	8.90	8.71
室内设计技术	117.18	97.45	3574	8.55	8.82	8.84
建筑装饰工程技术	115.85	96.89	4926	8.04	8.37	8.36

续表

专科专业名称	综合指数	就业率	平均月收入	专业相关度	工作满意度	专业知识满足度
数控技术	114.37	95.01	4745	7.94	8.31	8.35
河南省专科平均	—	93.69	4077	6.58	6.77	7.40

表 4-4-18 河南省 2017 届专科重点发展专业排名分布

（综合指数/就业率单位：%；平均月收入单位：元；就业满意度/专业相关度/专业知识满足度单位：分）

专科专业名称	入选原因	就业率专业排名	平均月收入专业排名	专业相关度在工农医类专业中的排名	专业相关度在文理类专业中的排名	就业满意度专业排名	专业知识满足度在工农医类专业中的排名	专业知识满足度在文理类专业中的排名
金融保险	就业满意度、专业知识满足度均为第1，专业相关度第2，就业率第2，月收入第4	2	4	—	2	1	—	1
室内设计技术	专业知识满足度第1，就业满意度第2，专业相关度第3，就业率第7	7	72	3	—	2	1	—
建筑装饰工程技术	就业满意度第3，专业相关度和专业知识满足度均为第6	12	10	6	—	3	6	—

续表

专科专业名称	入选原因	就业率专业排名	平均月收入专业排名	专业相关度在工农医类专业中的排名	专业相关度在文理类专业中的排名	就业满意度专业排名	专业知识满足度在工农医类专业中的排名	专业知识满足度在文理类专业中的排名
数控技术	就业满意度第5，专业知识满足度第7，专业相关度第8	36	17	8	—	5	7	—

（三）高职高专持续关注专业

综合就业率、平均月收入、专业相关度、就业满意度、专业知识满足度5项指标来看，综合指数大于2%并且小于等于5%被锁定为持续关注专业。尽管这些专业的综合指数高于预警专业，但仍存在潜在的风险。教育主管部门和高校需对此进行关注，跟踪并监测，根据各项指标的变化，采取对应措施，以防止其发展成为预警专业。

河南省2017届专科持续关注专业为：投资与理财（80.54%）、食品加工技术（83.51%）。上述专业需重点关注，避免其成为高风险型专业。

表4-4-19 河南省2017届专科持续关注专业分布

（综合指数/就业率单位：%；平均月收入单位：元；就业满意度/专业相关度/专业知识满足度单位：分）

专科专业名称	综合指数	就业率	平均月收入	专业相关度	工作满意度	专业知识满足度
投资与理财	80.54	87.06	3855	3.29	5.71	6.22
食品加工技术	83.51	86.90	3520	4.42	5.99	5.97
河南省专科平均	—	93.69	4077	6.58	6.77	7.40

第五部分
用人单位评价

一、用人单位对毕业生评价

（一）用人单位对毕业生工作表现满意度

1. 主要行业门类用人单位对毕业生工作表现满意度[①]

"公共管理、社会保障和社会组织"行业的用人单位对河南省2017届毕业生工作表现满意度（10.00分）最高，其次是"交通运输、仓储和邮政业"（8.89分），第三是"住宿和餐饮业"（8.33分）。

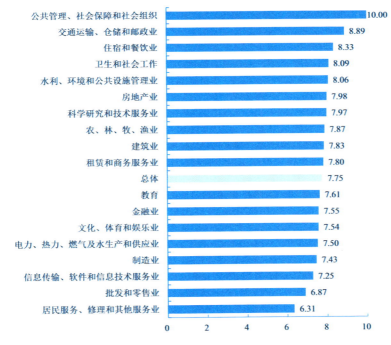

图 5-1-1　主要行业门类用人单位对毕业生工作表现满意度分布　（单位：

① 部分行业门类样本量太少，不包括在内。

分）

2. 不同性质用人单位对毕业生工作表现满意度[①]

"党政机关"单位的用人单位对河南省 2017 届毕业生工作表现满意度（10.00 分）最高，其次是"医疗卫生单位"（8.18 分），第三是"国有企业"单位（7.84 分）。

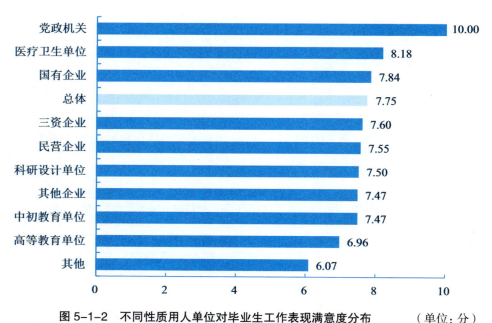

图 5-1-2 不同性质用人单位对毕业生工作表现满意度分布 （单位：分）

3. 不同规模用人单位对毕业生工作表现满意度

规模为 1001~2000 人的用人单位对毕业生工作表现满意度（8.44 分）最高，其次是规模为 2001 人及以上（8.10 分），第三是规模为 201~300 人（7.94 分）。

---

① 部分性质用人单位样本量太少，不包括在内；"其他"性质不参与排名。

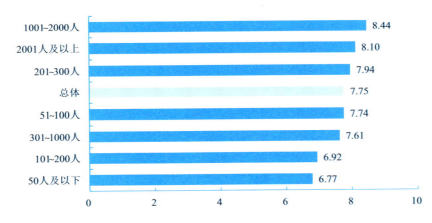

图 5-1-3　不同规模用人单位对毕业生工作表现满意度分布　　（单位：分）

（二）用人单位对毕业生能力评价

1. 主要行业门类用人单位对毕业生能力评价[①]

"公共管理、社会保障和社会组织"行业的用人单位对河南省 2017 届毕业生能力评价（10.00 分）最高，其次是"电力、热力、燃气及水生产和供应业"（9.50 分），第三是"农、林、牧、渔业"（8.62 分）。

---

① 部分行业门类样本量太少，不包括在内。

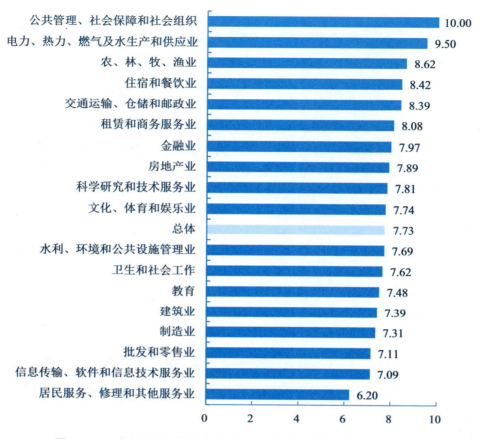

图5-1-4 主要行业门类用人单位对毕业生能力评价分布　　（单位：分）

2. 不同性质用人单位对毕业生能力评价 ①

"党政机关"性质的用人单位对毕业生能力评价（10.00分）最高，其次是"国有企业"单位（8.15分），第三是"其他企业"（7.62分）。

---

① 部分性质用人单位样本量太少，不包括在内；"其他"性质不参与排名。

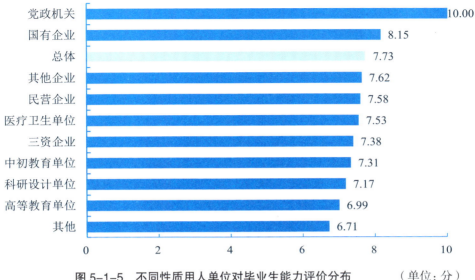

图 5-1-5　不同性质用人单位对毕业生能力评价分布　　　　（单位：分）

3. 不同规模用人单位对毕业生能力评价

规模为 1001–2000 人的用人单位对毕业生能力评价（8.29 分）最高，其次是规模为 2001 人及以上（7.88 分），第三是规模为 51–100 人（7.86 分）。

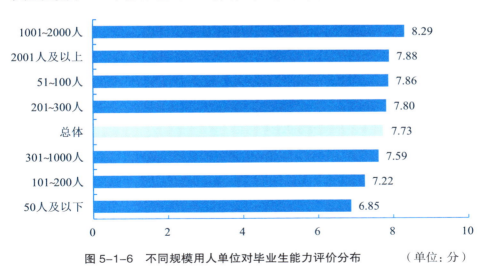

图 5-1-6　不同规模用人单位对毕业生能力评价分布　　　　（单位：分）

197

二、用人单位聘用需求分析

（一）毕业生能力素质需求分析

1. 用人单位认为毕业生重要的能力素质

用人单位认为河南省 2017 届毕业生能力素质重要度排在第一位的是"学习能力"（84.33%），其次是"团队合作"（79.67%），第三是"诚信坚韧"（67.33%）。

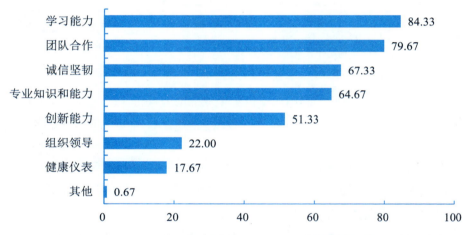

图 5-2-1　用人单位认为高校毕业生的能力素质重要性分布　　（单位：%）

2. 用人单位认为毕业生较强的能力素质

用人单位认为河南省 2017 届毕业生较强的能力素质中排在第一位的是"学习能力"（63.61%），其次是"专业知识和能力"（47.62%），第三是"诚信坚韧"（41.50%）。

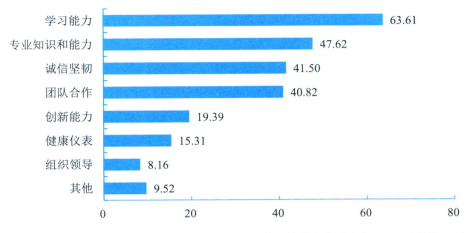

图 5-2-2　用人单位认为高校毕业生较强的能力素质分布　　（单位：%）

3. 用人单位认为毕业生需加强的能力素质

用人单位认为河南省 2017 届毕业生需加强的能力素质中排在第一位的是"创新能力"（52.36%），其次是"团队合作"（45.95%），第三是"诚信坚韧"（40.88%）。

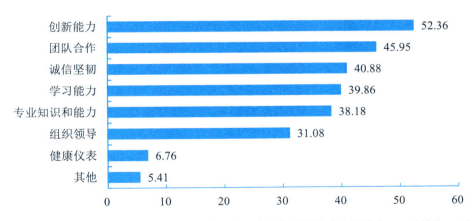

图 5-2-3　用人单位认为高校毕业生需加强的能力素质分布　　（单位：%）

（二）高校应届毕业生的毁约比例

1. 主要行业门类用人单位的高校应届毕业生的毁约比例 [1]

"租赁和商务服务业"用人单位的高校应届生毕业生毁约比例（40.00%）最低，其次是"金融业"（41.18%），第三是"农、林、牧、渔业"（45.45%）。

行业	比例
租赁和商务服务业	40.00
金融业	41.18
农、林、牧、渔业	45.45
信息传输、软件和信息技术服务业	51.28
住宿和餐饮业	53.85
总体	55.95
制造业	60.38
教育	60.87
建筑业	60.87
房地产业	61.54
卫生和社会工作	64.29
批发和零售业	68.00
文化、体育和娱乐业	72.73

图 5-2-4 主要行业门类用人单位的高校应届毕业生的毁约比例分布 （单位：%）

2. 不同性质用人单位的高校应届毕业生的毁约比例 [2]

国有企业用人单位的高校应届毕业生的毁约比例（27.78%）最低，其次是三资企业（53.33%），第三是民营企业（58.42%）。

---

[1] 部分行业门类样本量太少，不包括在内。

[2] 部分性质用人单位样本量太少，不包括在内；"其他"性质不参与排名。

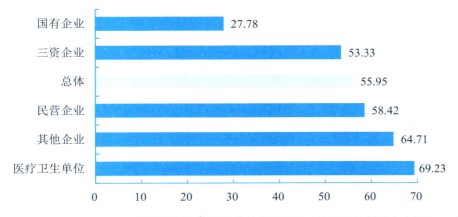

图 5-2-5 不同性质用人单位的高校应届毕业生的毁约比例分布（单位：%）

3. 不同规模用人单位的高校应届毕业生的毁约比例

规模为 1001~2000 人的用人单位的高校应届毕业生毁约比例（31.82%）最低，其次是规模为 201~300 人（52.17%），第三是规模为 51~100 人（54.55%）。

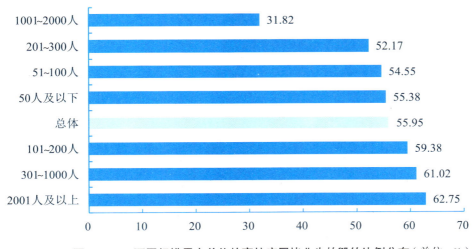

图 5-2-6 不同规模用人单位的高校应届毕业生的毁约比例分布（单位：%）

201

（三）招聘需求分析

1. 用人单位过去三年招聘过但没有聘用到河南省高校应届毕业生的主要职业大类[①]

用人单位过去三年招聘过但没有聘用到河南省高校应届毕业生的职业大类中，"其他专业技术人员"（41.67%）排第一，其次是"经济业务人员金融业务人员"和"其他人员"（均为33.33%），第三为"工程技术人员"（25.00%）。

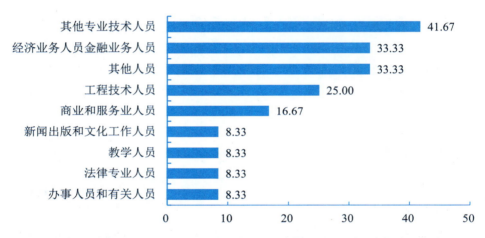

图5-2-7　用人单位过去三年招聘过但没聘用到河南省应届毕业生的职业大类分布（单位：%）

2. 用人单位过去三年没有聘用到河南省高校应届毕业生的主要理由[②]

用人单位过去三年没有聘用到河南省高校应届毕业生的主要理由是"毕业生职场价值观不匹配"和"毕业生对单位工作地点挑剔"（均为50.00%），其次是"毕业生薪资福利期待过高"（41.67%），第三是"毕业生缺乏所需知识和技能"（33.33%）。

---

① 问卷中该题为多选题，故比例之和大于100.00%。
② 问卷中该题为多选题，故比例之和大于100.00%。

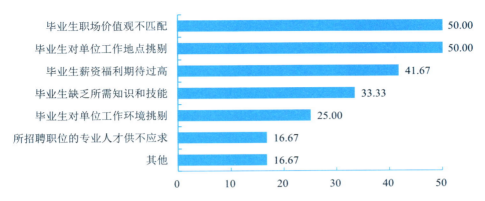

图5-2-8　用人单位过去三年未聘用到河南省高校应届毕业生的主要理由分布（单位：%）

三、校企合作分析

（一）校企合作比例

1. 用人单位与河南省高校有过校企合作的比例

用人单位与河南省高校有过校企合作的比例为54.55%。

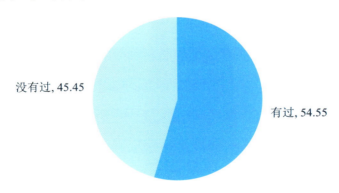

图 5-3-1　用人单位与河南省高校有过校企合作的比例分布　（单位：%）

2. 主要行业门类用人单位与河南省高校有过校企合作的比例 ①

金融业门类的用人单位与河南省高校有过校企合作的比例最高，为70.59%，其次是住宿和餐饮业（70.00%），第三是房地产业（69.23%）。

图 5-3-2　主要行业门类用人单位与河南省高校有过校企合作的比例分布（单位：%）

3. 不同性质用人单位与河南省高校有过校企合作的比例 ②

三资企业的用人单位与河南省高校有过校企合作的比例最高，为80.00%，其次是其他企业（61.76%），第三是国有企业（55.56%）。

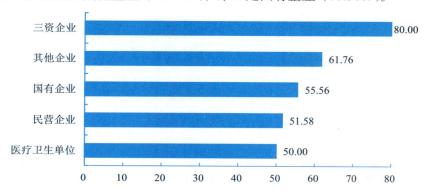

图 5-3-3　不同性质用人单位与河南省高校有过校企合作的比例分布　（单位：%）

---

① 部分行业门类用人单位样本量太少，不包括在内。
② 部分性质用人单位样本量太少，不包括在内；"其他"性质不参与排名。

4.不同规模用人单位与河南省高校有过校企合作的比例

规模为2001人及以上的用人单位与河南省高校有过校企合作的比例最高，为72.92%；其次是51~100人（62.79%），第三是201~300人（54.55%）。

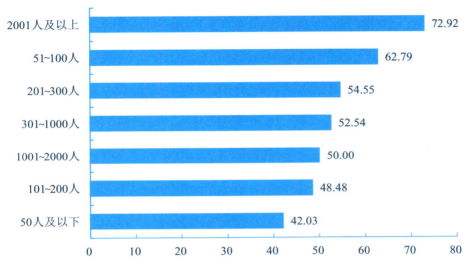

图5-3-4 不同规模用人单位与河南省高校有过校企合作的比例分布 （单位：%）

（二）校企合作方式

1.用人单位与河南省高校校企合作的方式 [①]

用人单位与河南省高校校企合作最主要的方式是"为学生提供实习机会"（92.11%），其次是为"希望学校提供订单式培养"（51.97%），第三是"在校内建立实训基地"（34.87%）。

---

① 问卷中该题为多选题，故比例之和大于100.00%。

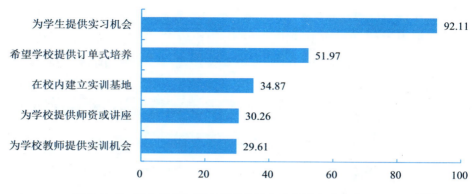

图 5-3-5　用人单位与河南省高校校企合作的方式分布　（单位：%）

2. 主要行业门类用人单位与河南省高校校企合作的方式 [1]

主要行业门类用人单位与河南省高校校企合作的主要方式均为"为学生提供实习机会"。

表 5-3-1　主要行业门类用人单位与河南省高校校企合作的方式分布　（单位：%）

主要行业门类	为学生提供实习机会	希望学校提供订单式培养	在校内建立实训基地	为学校提供师资或讲座	为学校教师提供实训机会
批发和零售业	**100.00**	50.00	60.00	20.00	30.00
信息传输、软件和信息技术服务业	**95.65**	47.83	43.48	30.43	39.13
金融业	**91.67**	58.33	25.00	41.67	25.00
制造业	**88.89**	55.56	33.33	18.52	33.33
建筑业	**84.62**	53.85	30.77	30.77	15.38
教育	**69.23**	61.54	46.15	46.15	38.46

3. 不同性质用人单位与河南省高校校企合作的方式 [2]

不同性质用人单位与河南省高校校企合作的主要方式均为"为学生提

---

①　部分行业门类用人单位样本量太少，不包括在内。
②　部分性质用人单位样本量太少，不包括在内。

供实习机会"。

表 5-3-2 不同性质用人单位与河南省高校校企合作的方式分布 （单位：%）

性质	为学生提供实习机会	希望学校提供订单式培养	在校内建立实训基地	为学校提供师资或讲座	为学校教师提供实训机会
三资企业	100.00	54.55	27.27	27.27	27.27
国有企业	100.00	40.00	30.00	20.00	20.00
其他企业	95.24	38.10	28.57	23.81	23.81
民营企业	90.11	57.14	38.46	28.57	27.47

4. 不同规模用人单位与河南省高校校企合作的方式[①]

不同规模用人单位与河南省高校校企合作的主要方式均是"为学生提供实习机会"。

表 5-3-3 不同规模用人单位与河南省高校校企合作的方式分布 （单位：%）

规模	为学生提供实习机会	希望学校提供订单式培养	在校内建立实训基地	为学校提供师资或讲座	为学校教师提供实训机会
1001~2000 人	100.00	36.36	45.45	36.36	9.09
201~300 人	100.00	33.33	25.00	8.33	8.33
301~1000 人	96.15	50.00	30.77	23.08	42.31
101~200 人	93.33	53.33	20.00	33.33	20.00
51~100 人	92.59	55.56	29.63	37.04	33.33
2001 人及以上	88.24	67.65	50.00	38.24	32.35
50 人及以下	84.62	42.31	30.77	26.92	30.77

（三）用人单位希望学校提供的工作支持

用人单位希望学校提供的最主要的工作支持是"提前主动向本单位推荐

---

① 部分规模用人单位样本量太少，不包括在内。

毕业生"（76.08%），其次是"提前在学校发布本单位的用人信息"（74.75%），第三是"提前安排毕业生在本单位实习"（50.83%）。

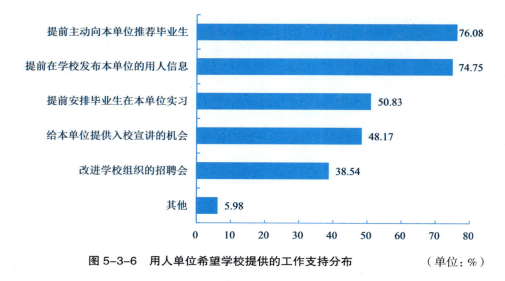

图5-3-6　用人单位希望学校提供的工作支持分布　　　　　　　　（单位：%）

专题一

河南省 2017 届毕业生净流入分析

一、毕业生净流入分析

（一）总体及各学历毕业生净流入比例 [①]

河南省 2017 届毕业生总体净流入比例为 –25.92%，表明河南省 2017 届毕业生总体呈流出状态。从学历来看，本科毕业生净流入为 –27.56%，专科毕业生为 –24.65%，毕业研究生为 –19.57%，均呈流出状态。

表 6-1-1　河南省 2017 届总体及不同学历毕业生净流入比例分布　　（单位：%）

就业地区	总体	本科毕业生	专科毕业生	毕业研究生
毕业生净流入比例	−25.92	−27.56	−24.65	−19.57

（二）各学科门类 / 专业大类毕业生净流入比例

河南省 2017 届本科各学科门类毕业生净流入比例均为负值，表明均呈流出状态，其中教育学本科毕业生流出比例（13.18%）最低，其次为医学（13.83%），第三是历史学（14.81%）。河南省 2017 届专科各专业大类毕业生净流入比例均为负值，表明均呈流出状态，其中医药卫生大类的专科毕

---

① 毕业生净流入比例 =（省内就业人数 – 省内生源数）/ 省内生源数 *100.00%，值为正，表示毕业生呈流入状态，值为负，表示毕业生呈流出状态。

业生流出比例（8.79%）最低，其次为公安大类（9.09%），第三是环保、气象与安全大类（11.76%）。河南省 2017 届毕业研究生各学科门类毕业生净流入比例均为负值，表明均呈流出状态，医学的毕业研究生外省毕业生流入比例（1.33%）最低，其次为法学（7.84%），第三是管理学（11.11%）。

表 6-1-2　河南省 2017 届不同学科门类本科毕业生净流入情况分布　（单位：%）

学科门类	毕业生净流入比例
教育学	−13.18
医学	−13.83
历史学	−14.81
法学	−14.96
文学	−17.14
经济学	−19.28
艺术学	−22.05
理学	−23.02
农学	−26.82
管理学	−27.53
工学	−43.51

注：哲学样本量太少，不包括在内。

表 6-1-3　河南省 2017 届不同专业大类专科毕业生净流入情况分布　（单位：%）

专业大类	毕业生净流入比例
医药卫生大类	−8.79
公安大类	−9.09
环保、气象与安全大类	−11.76
法律大类	−11.94
文化教育大类	−12.71
水利大类	−18.39
艺术设计传媒大类	−18.75

续表

专业大类	毕业生净流入比例
材料与能源大类	-20.71
财经大类	-21.60
土建大类	-22.46
生化与药品大类	-22.66
资源开发与测绘大类	-24.86
轻纺食品大类	-27.83
公共事业大类	-30.51
交通运输大类	-34.80
农林牧渔大类	-36.40
旅游大类	-36.68
制造大类	-37.16
电子信息大类	-42.04

表 6-1-4　河南省 2017 届不同学科门类毕业研究生净流入情况分布　（单位：%）

学科门类	毕业生净流入比例
医学	-1.33
法学	-7.84
管理学	-11.11
教育学	-13.68
文学	-18.52
农学	-21.88
理学	-25.40
工学	-35.47

注：哲学等学科门类样本量太少，不包括在内。

二、选择就业地的主要原因分析

（一）选择在河南省就业的原因

1. 总体及各学历选择在河南省就业的原因

河南省 2017 届高校毕业生选择在河南省就业的原因除"其他"外，主要是"发展前景好"（20.85%），其次是"福利待遇好"（20.73%），第三是"方便亲友互助"（20.11%）。从学历看，除"其他"外，本科毕业生和毕业研究生选择在河南省就业的主要原因均为"方便亲友互助"（占比分别为23.49% 和 33.57%），专科毕业生选择在河南省就业的主要原因为"福利待遇好"（24.57%）。

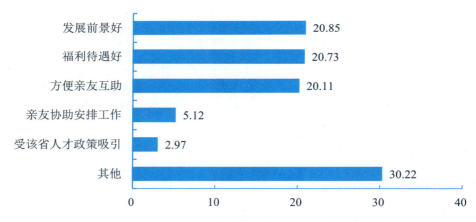

图 6-2-1　河南省 2017 届高校毕业生在河南省就业的原因分布（单位：%）

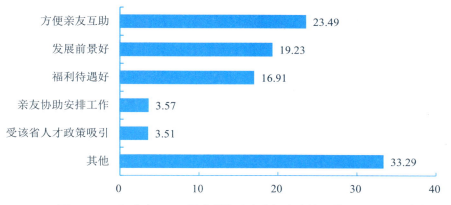

图 6-2-2 河南省 2017 届本科毕业生在河南省就业的原因分布（单位：%）

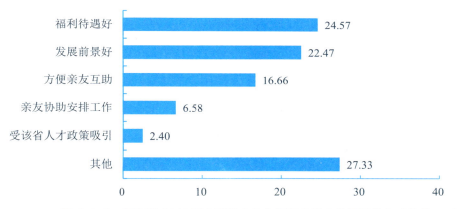

图 6-2-3 河南省 2017 届专科毕业生在河南省就业的原因分布（单位：%）

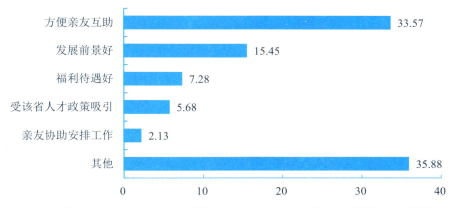

图 6-2-4 河南省 2017 届毕业研究生在河南省就业的原因分布（单位：%）

2. 各学科门类／专业大类选择在河南省就业的原因

河南省 2017 届高校毕业生各学科门类／专业大类选择在河南省就业的原因如下。

表 6-2-1　河南省 2017 届不同学科门类本科毕业生在河南省就业的原因分布（单位：%）

学科门类	方便亲友互助	发展前景好	福利待遇好	受该省人才政策吸引	亲友协助安排工作	其他
医学	29.29	12.61	7.92	3.00	3.84	43.34
历史学	28.99	14.49	10.15	2.90	1.45	42.03
教育学	27.38	17.20	11.88	4.41	2.49	36.65
文学	27.31	18.52	14.62	4.08	2.92	32.56
经济学	25.00	19.48	17.72	3.17	3.87	30.75
理学	22.53	18.26	21.02	4.94	2.85	30.40
工学	22.19	21.34	21.86	2.48	3.98	28.15
法学	21.94	12.06	9.05	4.69	1.68	50.59
管理学	21.55	18.37	17.98	3.25	4.45	34.41
艺术学	16.43	32.86	15.44	3.40	3.40	28.47
农学	16.00	22.40	14.40	4.40	5.60	37.20

注：哲学样本量太少，不包括在内。

表 6-2-2　河南省 2017 届不同专业大类专科毕业生在河南省就业的原因分布（单位：%）

专业大类	福利待遇好	发展前景好	方便亲友互助	亲友协助安排工作	受该省人才政策吸引	其他
旅游大类	36.71	19.65	14.74	5.49	1.16	22.25
制造大类	30.24	25.49	14.84	5.73	1.60	22.11
材料与能源大类	29.32	17.29	15.79	5.26	3.01	29.32
土建大类	28.00	25.47	14.25	8.14	2.99	21.15
电子信息大类	27.85	21.44	14.94	5.99	1.44	28.35

续表

专业大类	福利待遇好	发展前景好	方便亲友互助	亲友协助安排工作	受该省人才政策吸引	其他
法律大类	26.27	26.27	11.86	4.24	5.93	25.42
财经大类	25.77	19.85	16.91	6.88	1.30	29.29
艺术设计传媒大类	24.75	23.53	14.60	5.88	0.81	30.43
公安大类	24.00	14.00	22.00	6.00	12.00	22.00
医药卫生大类	23.90	23.35	15.22	7.13	4.04	26.36
资源开发与测绘大类	23.49	20.46	12.12	12.88	0.76	30.30
生化与药品大类	19.80	28.43	13.71	4.57	4.06	29.44
轻纺食品大类	18.47	22.89	19.68	4.02	1.21	33.74
农林牧渔大类	17.88	37.75	15.89	3.31	1.33	23.84
交通运输大类	13.31	18.77	18.77	8.87	0.68	39.59
文化教育大类	11.35	18.58	26.47	4.68	3.64	35.28
环保、气象与安全大类	10.00	23.33	20.00	0.00	3.33	43.33
公共事业大类	9.76	17.07	19.51	6.10	1.22	46.34
水利大类	7.04	15.49	18.31	19.72	1.41	38.03

表 6-2-3　河南省 2017 届不同学科门类毕业研究生在河南省就业的原因分布（单位：%）

学科门类	方便亲友互助	发展前景好	福利待遇好	受该省人才政策吸引	亲友协助安排工作	其他
教育学	45.12	8.54	6.10	7.32	2.44	30.49
理学	39.36	19.15	6.38	2.13	1.06	31.92
医学	37.50	11.11	6.94	4.17	4.17	36.11
文学	37.21	11.63	9.30	4.65	0.00	37.21
工学	31.53	18.02	14.41	5.41	1.80	28.83

续表

学科门类	方便亲友互助	发展前景好	福利待遇好	受该省人才政策吸引	亲友协助安排工作	其他
管理学	25.00	16.07	0.00	5.36	0.00	53.57
农学	20.00	20.00	12.00	12.00	0.00	36.00
法学	10.87	23.91	0.00	8.70	6.52	50.00

注：哲学等学科门类样本量太少，不包括在内。

（二）选择在河南省外就业的原因

1. 总体及各学历选择在河南省外就业的原因

河南省2017届高校毕业生选择在河南省外就业的原因除"其他"外，主要是"发展前景好"（31.63%），其次是"福利待遇好"（24.70%），第三是"方便亲友互助"（9.59%）。从学历看，除"其他"外，本科毕业生、专科毕业生和毕业研究生选择在河南省外就业的主要原因均为"发展前景好"（占比分别为31.39%、32.19%和26.85%）。

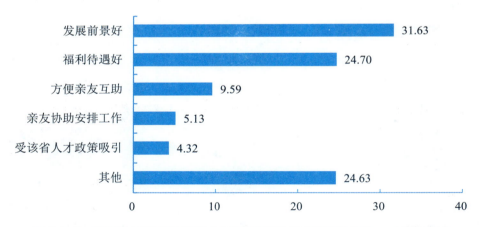

图6-2-5　河南省2017届高校毕业生在河南省外就业的原因分布　（单位：%）

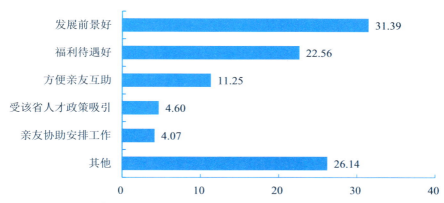

图 6-2-6　河南省 2017 届本科毕业生在河南省外就业的原因分布　（单位：%）

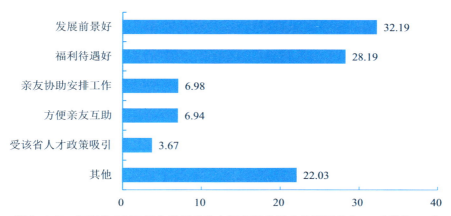

图 6-2-7　河南省 2017 届专科毕业生在河南省外就业的原因分布　（单位：%）

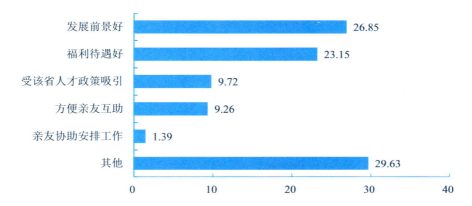

图 6-2-8　河南省 2017 届毕业研究生在河南省外就业的原因分布　（单位：%）

2. 各学科门类／专业大类选择在河南省外就业的原因

河南省2017届高校毕业生各学科门类／专业大类选择在河南省外就业的原因如下：

表6-2-4　河南省2017届不同学科门类本科毕业生在河南省外就业的原因分布（单位：%）

学科门类	发展前景好	福利待遇好	方便亲友互助	受该省人才政策吸引	亲友协助安排工作	其他
农学	36.81	21.47	9.82	4.91	5.52	21.47
艺术学	35.02	18.23	10.78	2.06	3.96	29.95
理学	33.53	26.21	10.25	4.69	2.34	22.99
工学	32.57	24.88	9.01	3.90	3.59	26.07
经济学	32.54	22.56	14.10	3.69	3.47	23.64
管理学	32.04	21.29	11.33	6.08	4.67	24.59
教育学	28.37	21.28	13.83	6.38	5.67	24.47
文学	27.92	20.77	15.23	5.83	4.96	25.29
医学	22.73	19.01	15.29	4.13	3.72	35.12
历史学	22.22	8.33	27.78	8.33	8.33	25.00
法学	21.33	15.73	13.29	3.15	4.90	41.61

注：哲学样本量太少，不包括在内。

表6-2-5　河南省2017届不同专业大类专科毕业生在河南省外就业的原因分布（单位：%）

专业大类	发展前景好	福利待遇好	亲友协助安排工作	方便亲友互助	受该省人才政策吸引	其他
电子信息大类	43.05	24.97	4.91	4.81	1.67	20.59
艺术设计传媒大类	40.60	23.31	9.02	3.76	2.26	21.05
轻纺食品大类	38.26	19.13	3.48	8.70	5.22	25.22
生化与药品大类	36.36	21.21	3.03	3.03	4.55	31.82

续表

专业大类	发展前景好	福利待遇好	亲友协助安排工作	方便亲友互助	受该省人才政策吸引	其他
文化教育大类	33.93	24.32	4.20	9.61	6.01	21.92
财经大类	33.27	26.67	8.39	9.05	2.07	20.55
制造大类	32.71	29.79	6.25	5.14	3.26	22.85
农林牧渔大类	32.29	22.92	3.13	7.29	3.13	31.25
材料与能源大类	28.89	20.00	4.44	4.44	0.00	42.22
土建大类	25.98	32.16	10.97	5.42	7.69	17.78
旅游大类	25.78	43.75	7.81	6.64	1.56	14.45
医药卫生大类	24.61	29.72	6.50	12.01	4.92	22.24
资源开发与测绘大类	20.76	16.98	13.21	13.21	0.00	35.85
交通运输大类	20.51	26.15	7.69	5.64	4.10	35.90
公共事业大类	20.00	32.73	3.64	12.73	10.91	20.00
法律大类	13.33	26.67	3.33	13.33	6.67	36.67

注：公安大类等专业大类样本量太少，不包括在内。

表6-2-6　河南省2017届不同学科门类毕业研究生在河南省外就业的原因分布（单位：%）

学科门类	发展前景好	福利待遇好	受该省人才政策吸引	方便亲友互助	亲友协助安排工作	其他
理学	29.79	27.66	10.64	2.13	0.00	29.79
工学	25.61	25.61	9.76	7.32	3.66	28.05

注：哲学等学科门类样本量太少，不包括在内。

专题二
河南省主要城市毕业生就/创业状况

一、河南省主要城市毕业生就业分析

河南省 2017 届高校毕业生在河南省就业比例排名前三的城市分别为郑州市（41.38%）、南阳市（7.99%）和洛阳市（6.73%）。

（一）主要城市就业毕业生结构分析

1. 主要城市就业毕业生性别分析

在郑州市就业的河南省 2017 届高校毕业生中男生占比 46.90%，女生占比 53.10%，男女生比例为 0.88：1；在南阳市就业的高校毕业生中男生占比 40.90%，女生占比 59.10%，男女生比例为 0.69：1；在洛阳市就业的高校毕业生中男生占比 39.25%，女生占比 60.75%，男女生比例为 0.82：1。

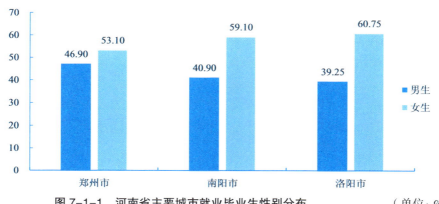

图 7-1-1　河南省主要城市就业毕业生性别分布　　（单位：%）

2. 主要城市就业毕业生学历分析

在郑州市就业的河南省 2017 届高校毕业生以专科毕业生（51.91%）为主；在南阳市就业的高校毕业生以专科毕业生（67.20%）为主；在洛阳市就业的高校毕业生以本科毕业生（55.72%）为主。

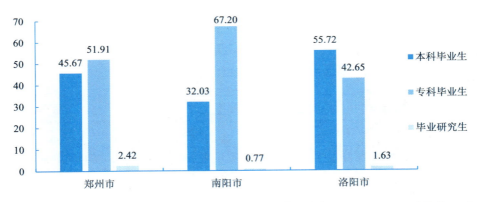

图 7-1-2　河南省主要城市就业毕业生学历分布　　　　（单位：%）

3. 主要城市就业毕业生学科门类／专业大类分析

在郑州市就业的河南省 2017 届高校本科毕业生以工学（30.82%）为主，在南阳市就业的本科毕业生以管理学（25.27%）为主。在洛阳市就业的本科毕业生以管理学（19.80%）为主；在郑州市就业的河南省 2017 届高校专科毕业生以财经大类（24.06%）为主，在南阳市就业的专科毕业生以医药卫生大类（29.51%）为主，在洛阳市就业的专科毕业生以财经大类（24.43%）为主。在郑州市就业的河南省 2017 届高校毕业研究生以工学（21.84%）为主，在南阳市就业的毕业研究生以教育学（44.44%）为主，在洛阳市就业的毕业研究生以工学（31.25%）为主。

表 7-1-1　河南省主要城市就业的本科毕业生学科门类分布　　　　（单位：%）

学科门类	郑州市	南阳市	洛阳市
工学	30.82	15.78	17.88
管理学	22.21	25.27	19.80

续表

学科门类	郑州市	南阳市	洛阳市
文学	11.75	19.52	15.69
理学	8.15	10.96	6.57
经济学	6.95	4.14	5.02
艺术学	6.03	3.21	10.95
医学	4.87	6.42	6.30
教育学	4.22	8.02	9.40
法学	2.52	4.28	5.75
农学	2.14	2.14	1.73
历史学	0.36	0.27	0.91

注：哲学样本量太少，不包括在内。

表7-1-2　河南省主要城市就业的专科毕业生专业大类分布　　（单位：%）

专业大类	郑州市	南阳市	洛阳市
财经大类	24.06	19.50	24.43
土建大类	17.42	20.46	15.85
制造大类	12.93	11.60	9.89
医药卫生大类	9.91	29.51	18.83
电子信息大类	9.54	3.89	5.60
文化教育大类	7.34	8.29	10.13
艺术设计传媒大类	3.74	1.21	4.89
旅游大类	3.06	1.59	1.43
交通运输大类	2.88	0.51	1.79
轻纺食品大类	2.42	0.26	0.83
生化与药品大类	1.59	0.57	0.95

续表

专业大类	郑州市	南阳市	洛阳市
材料与能源大类	1.04	0.51	1.07
农林牧渔大类	0.91	0.51	0.95
法律大类	0.81	0.32	0.60
公共事业大类	0.72	0.19	0.60
水利大类	0.70	0.06	0.95
资源开发与测绘大类	0.57	0.51	0.60
环保、气象与安全大类	0.27	0.00	0.24
公安大类	0.08	0.51	0.36

表 7-1-3　河南省主要城市就业的毕业研究生学科门类分布　（单位：%）

学科门类	郑州市	南阳市	洛阳市
工学	21.84	22.22	31.25
理学	16.72	11.11	18.75
医学	16.38	5.56	6.25
管理学	10.58	5.56	6.25
法学	9.22	0.00	6.25
文学	7.85	11.11	6.25
教育学	6.14	44.44	12.50
农学	4.10	0.00	12.50

注：哲学等学科门类样本量太少，不包括在内。

4. 主要城市就业毕业生生源地分析

在郑州市就业的河南省 2017 届高校毕业生生源地主要是河南省（97.39%），其次是山西省（0.30%），第三是河北省（0.27%）。在南阳市就业的高校毕业生生源地主要是河南省（98.46%），其次是内蒙古自治区和甘肃省（均为 0.17%），第三是陕西省（0.13%）。在洛阳市就业的高校毕业生生源地主要是河南省（97.66%），其次是安徽省（0.51%），第三是山东省（0.36%）。

表 7-1-4　河南省主要城市就业毕业生生源地分布　　　（单位：%）

河南省主要城市	前三生源省（市、区）
郑州市	河南省（97.39%）、山西省（0.30）、安徽省（0.27）
南阳市	河南省（98.46）、内蒙古自治区（0.17）、甘肃省（0.17）、陕西省（0.13）
洛阳市	河南省（97.66）、安徽省（0.51）、山东省（0.36）

（二）主要城市就业毕业生就业状况分析

1. 主要城市就业毕业生行业分析

在郑州市就业的河南省 2017 届高校毕业生就业行业主要是教育（14.07%），其次是建筑业（11.90%），第三是信息传输、软件和信息技术服务业（11.21%）。在南阳市就业的高校毕业生就业行业主要是教育（23.15%），其次是卫生和社会工作（19.96%），第三是建筑业（12.13%）。在洛阳市就业的高校毕业生就业行业主要是教育（22.71%），其次是卫生和社会工作（12.02%），第三是建筑业（8.70%）。

表 7-1-5　河南省主要城市就业毕业生行业分布　　　（单位：%）

河南省主要城市	前三就业行业
郑州市	教育（14.07）、建筑业（11.90）、信息传输、软件和信息技术服务业（11.21）
南阳市	教育（23.15）、卫生和社会工作（19.96）、建筑业（12.13）
洛阳市	教育（22.71）、卫生和社会工作（12.02）、建筑业（8.70）

2. 主要城市就业毕业生职业分析

在郑州市就业的河南省 2017 届高校毕业生就业职业大类主要是教育／

培训/科研（12.11%），其次是不便归类的其他人员（10.82%），第三是建筑建材（9.41%）。在南阳市就业的高校毕业生就业职业主要是教育/培训/科研（19.09%），其次是医疗卫生（18.44%），第三是建筑建材（12.44%）。在洛阳市就业的高校毕业生就业职业主要是教育/培训/科研（18.25%），其次是不便归类的其他人员（11.14%），第三是医疗卫生（10.51%）。

表 7-1-6　河南省主要城市就业毕业生就业职业分布　（单位：%）

河南省主要城市	前三就业职业大类
郑州市	教育/培训/科研（12.11）、不便归类的其他人员（10.82）、建筑建材（9.41）
南阳市	教育/培训/科研（19.09）、医疗卫生（18.44）、建筑建材（12.44）
洛阳市	教育/培训/科研（18.25）、不便归类的其他人员（11.14）、医疗卫生（10.51）

3. 主要城市就业毕业生单位性质分析

在郑州市就业的河南省2017届高校毕业生就业单位性质主要是民营企业/个体（49.25%），其次是其他事业单位（10.38%），第三是国有企业（10.13%）。在南阳市就业的高校毕业生就业单位性质主要是中初教育单位（19.19%），其次是医疗卫生单位（18.93%），第三是中出教育单位（17.86%）。在洛阳市就业的高校毕业生就业单位性质主要是民营企业/个体（32.50%），其次是中初教育单位（14.24%），第三是国有企业（11.28%）。

表 7-1-7　河南省主要城市就业毕业生单位性质分布　（单位：%）

河南省主要城市	前三就业单位性质
郑州市	民营企业/个体（49.25）、其他事业单位（10.38）、国有企业（10.13）
南阳市	民营企业/个体（19.19）、医疗卫生单位（18.93）、中初教育单位（17.86）
洛阳市	民营企业/个体（32.50）、中初教育单位（14.24）、国有企业（11.28）

（三）主要城市就业毕业生就业质量分析

1. 主要城市就业毕业生月均收入分析

在郑州市就业的河南省 2017 届高校毕业生的平均月收入为 4236 元，高于在南阳市就业的 3656 元和在洛阳市就业的 3596 元。

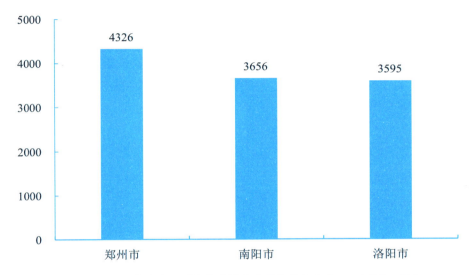

图 7-1-3 河南省主要城市就业毕业生月均收入分布 （单位：元）

2. 主要城市就业毕业生专业相关度 ① 分析

在南阳市就业的河南省 2017 届高校毕业生的专业相关度为 7.76 分，高于在郑州市就业的 6.48 分和在洛阳市就业的 6.86 分。

---

① 专业相关度的计算：将毕业生专业相关度的五个等级分别赋予分值，很相关赋为 4 分，比较相关赋为 3 分，一般赋为 2 分，比较不相关赋为 1 分，很不相关赋为 0 分，并采用等权分配计算相关度的十分制评分结果，分数越高代表越相关。

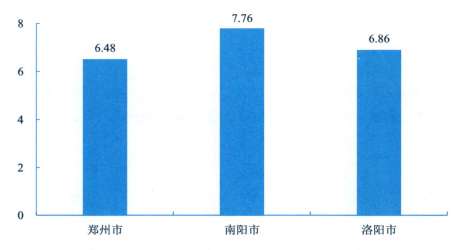

图 7-1-4　河南省主要城市就业毕业生专业相关度分布　（单位：分）

3. 主要城市就业毕业生职业期待符合度 [①] 分析

在南阳市就业的河南省 2017 届高校毕业生的职业期待符合度为 7.57 分，高于在郑州市就业的 6.38 分和在洛阳市就业的 6.39 分。

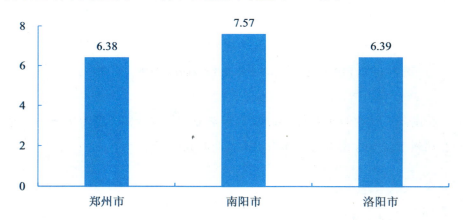

图 7-1-5　河南省主要城市就业毕业生职业期待符合度分布　（单位：分）

---

① 职业期待符合度的计算：将毕业生职业期待符合度的五个等级分别赋予分值，很符合赋为 4 分，比较符合赋为 3 分，一般赋为 2 分，比较不符合赋为 1 分，很不符合赋为 0 分，并采用等权分配计算符合度的十分制评分结果，分数越高代表越符合。

4. 主要城市就业毕业生就业满意度^①分析

在南阳市就业的河南省 2017 届高校毕业生的就业满意度为 7.57 分，高于在郑州市就业的 6.38 分和在洛阳市就业的 6.37 分。

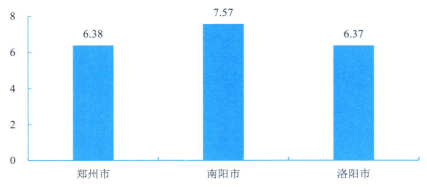

图 7-1-6　河南省主要城市就业毕业生就业满意度分布　（单位：分）

5. 主要城市就业毕业生工作稳定性分析

在南阳市就业的河南省 2017 届高校毕业生的离职率为 28.01%，低于在郑州市就业的 48.58% 和在洛阳市就业的 41.98%。

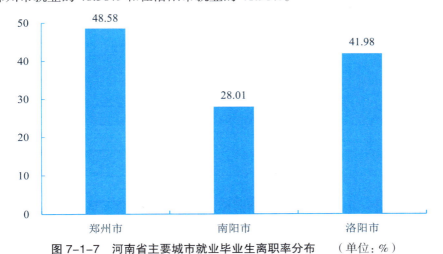

图 7-1-7　河南省主要城市就业毕业生离职率分布　（单位：%）

---

①　就业满意度的计算：将毕业生就业满意度的五个等级分别赋予分值，很满意赋为 4 分，比较满意赋为 3 分，一般赋为 2 分，比较不满意赋为 1 分，很不满意赋为 0 分，并采用等权分配计算满意度的十分制评分结果，分数越高代表越满意。

二、河南省主要城市毕业生基层就业分析

河南省 2017 届基层就业的高校毕业生在河南省基层就业比例排名前三的城市分别为郑州市（25.30%）、南阳市（12.62%）和周口市（9.39%）。

（一）主要城市基层就业毕业生结构分析

1. 主要城市基层就业毕业生性别分析

在郑州市基层就业的河南省 2017 届高校毕业生中男生占比 53.35%，女生占比 46.65%，男女生比例为 1.14：1；在南阳市基层就业的高校毕业生中男生占比 42.51%，女生占比 57.49%，男女生比例为 0.74：1；在周口市基层就业的高校毕业生中男生占比 40.45%，女生占比 59.55%，男女生比例为 0.68：1。

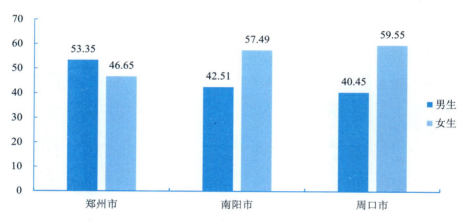

图 7-2-1　河南省主要城市基层就业毕业生性别分布　（单位：%）

2. 主要城市基层就业毕业生学历分析

在郑州市、南阳市和周口市基层就业的河南省 2017 届高校毕业生均以专科毕业生为主（占比分别为 64.68%、73.83% 和 62.56%）。

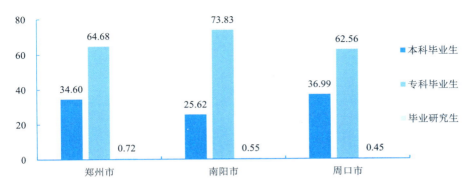

图 7-2-2　河南省主要城市基层就业毕业生学历分布　　（单位：%）

3. 主要城市基层就业毕业生学科门类/专业大类分析①

在郑州市基层就业的河南省 2017 届高校本科毕业生以工学（35.48%）为主，在南阳市和周口市基层就业的本科毕业生均以文学（分别为 29.69% 和 27.64%）为主。在郑州市基层就业的河南省 2017 届高校专科毕业生以土建大类（29.16%）为主，在南阳市基层就业的专科毕业生以土建大类（37.12%）为主，在周口市基层就业的专科毕业生以医药卫生大类（24.28%）为主。

表 7-2-1　河南省主要城市基层就业本科毕业生学科门类分布　　（单位：%）

学科门类	郑州市	南阳市	周口市
工学	35.48	12.66	17.48
理学	11.94	10.92	13.42
文学	10.97	29.69	27.64
管理学	10.65	18.78	11.79
经济学	7.58	1.31	2.03
教育学	6.13	15.72	14.23
医学	5.65	4.80	5.69

① 主要基层就业城市的研究生样本量较少，不参与分析讨论范畴。

续表

学科门类	郑州市	南阳市	周口市
艺术学	4.68	1.75	2.03
农学	3.55	0.87	0.41
法学	3.07	3.06	4.07
历史学	0.32	0.44	1.22

注：哲学样本量太少，不包括在内。

表 7-2-2　河南省主要城市基层就业专科毕业生专业大类分布　　（单位：%）

专业大类	郑州市	南阳市	周口市
土建大类	**29.16**	**37.12**	20.19
财经大类	15.70	7.27	10.82
制造大类	11.91	5.91	6.49
医药卫生大类	10.87	30.46	**24.28**
文化教育大类	7.16	13.18	20.91
电子信息大类	6.04	1.67	8.17
旅游大类	4.92	0.30	0.48
轻纺食品大类	3.28	0.30	1.44
艺术设计传媒大类	3.02	0.76	1.20
交通运输大类	2.33	0.15	1.68
材料与能源大类	1.04	0.30	0.24
生化与药品大类	1.04	0.15	1.20
法律大类	0.95	0.30	0.96
水利大类	0.78	0.00	0.24
资源开发与测绘大类	0.69	0.91	0.24
农林牧渔大类	0.52	0.61	0.48

续表

专业大类	郑州市	南阳市	周口市
公共事业大类	0.35	0.15	0.00
公安大类	0.17	0.46	0.96
环保、气象与安全大类	0.09	0.00	0.00

4. 主要城市基层就业毕业生生源地分析

在郑州市基层就业的河南省 2017 届高校毕业生生源地主要是河南省（97.88%），其次是山西省（0.28%），第三是山东省（0.27%）。在南阳市基层就业的高校毕业生生源地主要是河南省（98.32%），其次是甘肃省（0.34%），第三是山东省（0.22%）。在周口市基层就业的高校毕业生生源地主要是河南省（98.35%），其次是重庆市（0.31%），第三是甘肃省（0.30%）。

表 7-2-3　河南省主要城市基层就业毕业生生源地分布　　（单位：%）

河南省主要城市	前三生源省（市、区）
郑州市	河南省（97.88）、山西省（0.28）、山东省（0.27）
南阳市	河南省（98.32）、甘肃省（0.34）、山东省（0.22）
周口市	河南省（98.35）、重庆市（0.31）、甘肃省（0.30）

（二）主要城市基层就业毕业生就业状况分析

1. 主要城市基层就业毕业生行业门类分析

在郑州市基层就业的河南省 2017 届高校毕业生就业行业门类主要是建筑业（17.92%），其次是教育（13.44%），第三是卫生和社会工作（8.84%）。在南阳市基层就业的高校毕业生就业行业门类主要是教育（27.87%），其次是建筑业（23.16%），第三是卫生和社会工作（19.38%）。在周口市基层就业的高校毕业生就业行业门类主要是教育（39.75%），其次是卫生和社会工作（15.37%），第三是农、林、牧、渔业（8.08%）。

表 7-2-4　河南省主要城市基层就业毕业生就业行业分布　　（单位：%）

河南省主要城市	前三就业行业门类
郑州市	建筑业（17.92）、教育（13.44）、卫生和社会工作（8.84）
南阳市	教育（27.87）、建筑业（23.16）、卫生和社会工作（19.38）
周口市	教育（39.75）、卫生和社会工作（15.37）、农、林、牧、渔业（8.08）

2. 主要城市基层就业毕业生的职业大类分析

在郑州市基层就业的河南省 2017 届高校毕业生就业职业大类主要是建筑建材（17.62%），其次是教育／培训／科研（12.26%），第三是金融／经济（9.92%）。在南阳市基层就业的高校毕业生就业职大类主要是建筑建材（24.69%），其次是教育／培训／科研（24.57%），第三是医疗卫生（19.37%）。在周口市基层就业的高校毕业生就业职业大类主要是教育／培训／科研（31.10%），其次是医疗卫生（14.33%），第三是金融／经济（10.98%）。

表 7-2-5　河南省主要城市基层就业毕业生就业职业分布　　（单位：%）

河南省主要城市	前三就业职业大类
郑州市	建筑建材（17.62）、教育／培训／科研（12.26）、金融／经济（9.92）
南阳市	建筑建材（24.69）、教育／培训／科研（24.57）、医疗卫生（19.37）
周口市	教育／培训／科研（31.10）、医疗卫生（14.33）、金融／经济（10.98）

3. 主要城市基层就业毕业生单位性质分析

在郑州市基层就业的河南省 2017 届高校毕业生就业单位性质主要是民营企业／个体（30.58%），其次是其他事业单位（13.23%），第三是国有企业（12.95%）。在南阳市基层就业的高校毕业生就业单位性质主要是中初教育单位（25.67%），其次是医疗卫生单位（18.95%），第三是民营企业／个体（15.25%）。在周口市基层就业的高校毕业生就业单位性质主要是中初教育单位（31.22%），其次是党政机关（15.69%），第三是民营企业 / 个体（13.73）。

表 7-2-6　河南省主要城市基层就业毕业生就业单位性质分布　　（单位：%）

河南省主要城市	前三就业单位性质
郑州市	民营企业 / 个体（30.58）、其他事业单位（13.23）、国有企业（12.95）
南阳市	中初教育单位（25.67）、医疗卫生单位（18.95）、民营企业 / 个体（15.25）
周口市	中初教育单位（31.22）、党政机关（15.69）、民营企业 / 个体（13.73）

（三）主要城市基层就业毕业生就业质量分析

1. 主要城市基层就业毕业生月均收入分析

在郑州市基层就业的河南省 2017 届高校毕业生的平均月收入为 4329 元，高于在南阳市基层就业的 3608 元和在周口市基层就业的 3322 元。

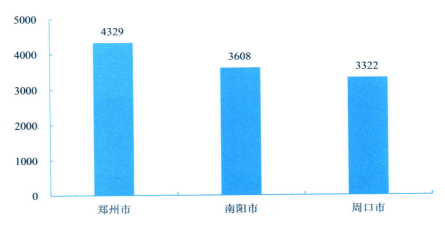

图 7-2-3　河南省主要城市基层就业毕业生月均收入分布　　（单位：元）

2. 主要城市基层就业毕业生的专业相关度[①]分析

在南阳市基层就业的河南省 2017 届高校毕业生的专业相关度为 8.15 分，

---

①　专业相关度的计算：将毕业生专业相关度的五个等级分别赋予分值，很相关赋为 4 分，比较相关赋为 3 分，一般赋为 2 分，比较不相关赋为 1 分，很不相关赋为 0 分，并采用等权分配计算相关度的十分制评分结果，分数越高代表越相关。

高于在郑州市基层就业的 7.66 分和在周口市基层就业的 7.74 分。

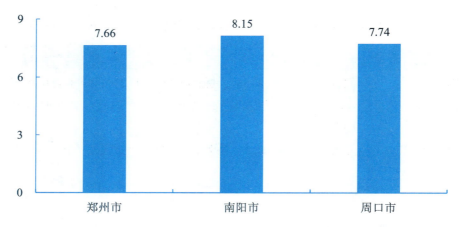

图 7-2-4　河南省主要城市基层就业毕业生专业相关度分布　　（单位：分）

3. 主要城市基层就业毕业生职业期待符合度[①] 分析

在南阳市基层就业的河南省 2017 届高校毕业生的职业期待符合度为 8.00 分，高于在郑州市基层就业的 7.54 分和在周口市基层就业的 7.40 分。

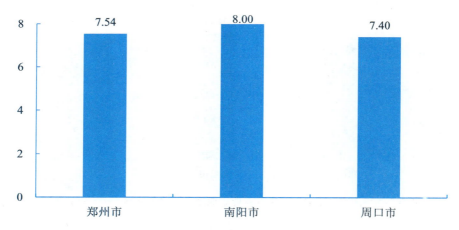

图 7-2-5　河南省主要城市基层就业毕业生职业期待符合度分布　　（单位：分）

---

①　职业期待符合度的计算：将毕业生职业期待符合度的五个等级分别赋予分值，很符合赋为 4 分，比较符合赋为 3 分，一般赋为 2 分，比较不符合赋为 1 分，很不符合赋为 0 分，并采用等权分配计算符合度的十分制评分结果，分数越高代表越符合。

4. 主要城市基层就业毕业生就业满意度^①分析

在南阳市基层就业的河南省 2017 届高校毕业生的就业满意度为 7.96 分，高于在郑州市基层就业的 7.47 分和在周口市基层就业的 7.25 分。

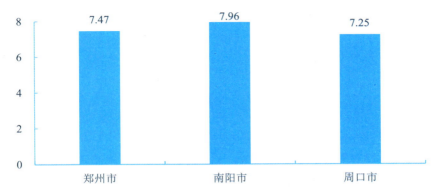

图 7-2-6 河南省主要城市基层就业毕业生就业满意度分布 （单位：分）

5. 主要城市基层就业毕业生工作稳定性分析

在南阳市基层就业的河南省 2017 届高校毕业生的离职率为 28.18%，低于在郑州市基层就业的 41.50% 和在周口市基层就业的 39.44%。

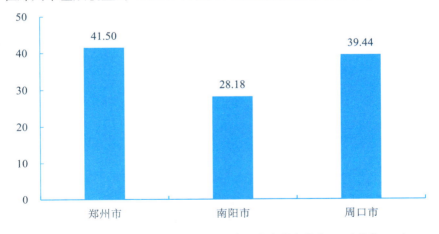

图 7-2-7 河南省主要城市基层就业毕业生离职率分布 （单位：%）

---

① 就业满意度的计算：将毕业生就业满意度的五个等级分别赋予分值，很满意赋为 4 分，比较满意赋为 3 分，一般赋为 2 分，比较不满意赋为 1 分，很不满意赋为 0 分，并采用等权分配计算满意度的十分制评分结果，分数越高代表越满意。

三、河南省主要城市毕业生创业分析

河南省 2017 届自主创业的高校毕业生在河南省自主创业比例排名前三的城市分别为郑州市（29.85%）、周口市（10.69%）和南阳市（6.39%）。

（一）主要城市创业毕业生结构分析

1. 主要城市创业毕业生性别分析

在郑州市自主创业的河南省 2017 届高校毕业生中男生占比 65.23%，女生占比 34.77%，男女比例生为 1.88：1；在周口市自主创业的高校毕业生中男生占比 59.44%，女生占比 40.23%，男女生比例为 1.49：1；在南阳市自主创业的高校毕业生中男生占比 52.89%，女生占比 47.12%，男女生比例为 1.12：1。

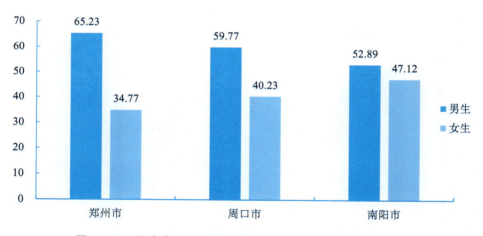

图 7-3-1　河南省主要城市创业毕业生性别分布　　　　（单位：%）

2. 主要城市创业毕业生学历分析

在郑州市、周口市和南阳市自主创业的河南省 2017 届高校毕业生均以专科毕业生为主（占比分别为 61.52%、72.41% 和 78.85%）。

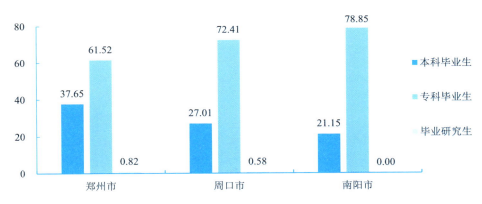

图 7-3-2 河南省主要城市创业毕业生学历分布 （单位：%）

3.主要城市创业毕业生学科门类/专业大类分析[①]

在郑州市、周口市和南阳市自主创业的河南省 2017 届高校本科毕业生均以工学为主（占比分别为 25.68%、31.92% 和 27.27%）；在郑州市和周口市自主创业的河南省 2017 届高校专科毕业生以财经大类为主（占比分别为 34.11% 和 22.22%），在南阳市自主创业的专科毕业生以医药卫生大类（31.71%）为主。

表 7-3-1　河南省主要城市创业本科毕业生学科门类分布 （单位：%）

学科门类	郑州市	周口市	南阳市
工学	25.68	31.92	27.27
管理学	21.86	8.51	13.64
文学	18.58	31.92	27.26
艺术学	9.29	10.64	13.64
农学	7.10	2.13	4.55
经济学	6.01	0.00	4.55

① 主要自主创业城市的研究生样本量较少，不参与分析讨论范畴。

续表

学科门类	郑州市	周口市	南阳市
理学	5.46	0.00	0.00
教育学	3.83	8.51	4.55
法学	1.64	6.38	4.55
医学	0.55	0.00	0.00

注：哲学等学科门类样本量太少，不包括在内。

表7-3-2　河南省主要城市创业专科毕业生专业大类分布　　（单位：%）

专业大类	郑州市	周口市	南阳市
财经大类	**34.11**	**22.22**	17.07
土建大类	14.38	21.43	14.63
电子信息大类	8.70	8.73	6.10
制造大类	8.36	6.35	18.29
艺术设计传媒大类	5.69	6.35	1.22
文化教育大类	5.35	5.56	3.66
旅游大类	4.01	2.38	0.00
医药卫生大类	3.68	13.49	**31.71**
交通运输大类	3.01	2.38	0.00
资源开发与测绘大类	2.68	0.79	4.88
轻纺食品大类	2.68	0.00	0.00
公安大类	2.34	1.59	1.22
法律大类	1.34	1.59	1.22
农林牧渔大类	1.00	3.97	0.00
生化与药品大类	1.00	0.79	0.00
公共事业大类	0.67	0.79	0.00
材料与能源大类	0.67	0.79	0.00
环保、气象与安全大类	0.33	0.00	0.00
水利大类	0.00	0.79	0.00

4. 主要城市创业毕业生生源地分析

在郑州市自主创业的河南省 2017 届高校毕业生生源地主要是河南省（96.71%），其次是湖北省（0.62%），第三是山东省（0.41%）。在周口市自主创业的高校毕业生生源地主要是河南省（96.55%），其次是福建省（0.57%），第三是上海市（0.56%）。在南阳市自主创业的高校毕业生生源地主要是河南省（94.23%），其次是福建省（1.92%），第三是陕西省（0.96%）。

表 7-3-3　河南省主要城市创业毕业生生源地分布　　（单位：%）

河南省主要城市	前三生源省（市、区）
郑州市	河南省（96.71）、湖北省（0.62）、山东省（0.41）
周口市	河南省（96.55）、福建省（0.57）、上海市（0.56）
南阳市	河南省（94.23）、福建省（1.92）、陕西省（0.96）

（二）主要城市创业毕业生创业状况分析

1. 主要城市创业毕业生创业原因分析

在郑州市、周口市和南阳市自主创业的河南省 2017 届高校毕业生创业原因均主要为"希望通过创业实现个人理想"（占比分别为 57.09%、62.87% 和 55.00%）。

表 7-3-4　河南省主要城市创业毕业生创业原因　　（单位：%）

创业原因	郑州市	周口市	南阳市
希望通过创业实现个人理想	**55.18**	**65.70**	**54.46**
对创业充满兴趣、激情	49.68	43.02	50.50
预期可能有更高收入	41.23	36.05	41.58
有好的创业项目	21.99	19.77	20.79
受他人邀请进行创业	13.11	9.88	11.88
未找到合适的工作	7.61	8.14	7.92
其他	5.07	2.91	3.96

2. 主要城市创业毕业生创业行业分析

在郑州市自主创业的河南省 2017 届高校毕业生就业行业主要是批发和零售业（18.01%），其次是信息传输、软件和信息技术服务业（13.14%），第三是住宿和餐饮业（10.80%）。在周口市自主创业的高校毕业生就业行业主要是农、林、牧、渔业（25.44%），其次是批发和零售业（13.02%），第三是教育（12.43%）。在南阳市自主创业的高校毕业生就业行业主要是批发和零售业（16.16%），其次是卫生和社会工作（13.13%），第三是教育（11.11%）。

表 7-3-5　河南省主要城市创业毕业生创业行业分布　　　　　　（单位：%）

河南省主要城市	前三创业行业
郑州市	批发和零售业（18.01）、信息传输、软件和信息技术服务业（13.14）、住宿和餐饮业（10.80）
周口市	农、林、牧、渔业（25.44）、批发和零售业（13.02）、教育（12.43）
南阳市	批发和零售业（16.16）、卫生和社会工作（13.13）、教育（11.11）

3. 主要城市创业毕业生创业行业与专业相关度[①] 分析

在南阳市自主创业的河南省 2017 届高校毕业生的专业相关度为 5.92 分，高于在郑州市自主创业的 4.80 分和在周口市自主创业的 5.40 分。

---

① 专业相关度的计算：将毕业生专业相关度的五个等级分别赋予分值，很相关赋为 4 分，比较相关赋为 3 分，一般赋为 2 分，比较不相关赋为 1 分，很不相关赋为 0 分，并采用等权分配计算相关度的十分制评分结果，分数越高代表越相关。

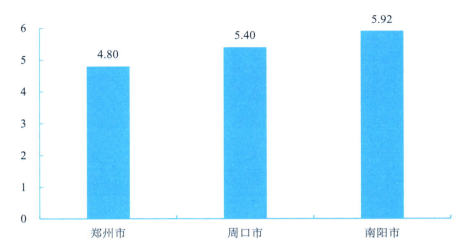

图 7-3-3　河南省主要城市创业毕业生专业相关度分布　　（单位：分）

4. 主要城市创业毕业生创业资金来源分析

在郑州市自主创业的河南省 2017 届高校毕业生创业资金来源主要是"个人赚取"（55.91%）；在周口市和南阳市自主创业的高校毕业生创业资金来源均主要是"父母亲友的支持"（占比分别为 61.99% 和 57.43%）。

表 7-3-6　河南省主要城市创业毕业生创业资金来源分布　　（单位：%）

创业资金来源	郑州市	周口市	南阳市
个人赚取	55.91	38.60	45.54
父母亲友的支持	51.05	61.99	57.43
银行及其他金融机构贷款	27.43	25.15	36.63
风险投资	4.01	4.09	1.98
政府资助	2.74	5.26	2.97
其他途径	16.03	15.79	12.87

5. 主要城市创业毕业生目前创业规模分析

在郑州市、周口市和南阳市自主创业的河南省 2017 届高校毕业生目前创业规模均主要为"5 人及以下"（占比分别为 49.79%、41.52% 和 46.08%）。

表 7-3-7　河南省主要城市创业毕业生目前创业规模分布　　（单位：%）

自主创业规模	郑州市	周口市	南阳市
5 人及以下	49.79	41.52	46.08
6~10 人	26.91	29.83	22.55
11~20 人	8.69	13.45	9.80
51~200 人	4.87	4.68	4.90
21~50 人	4.87	3.51	12.75
200 人以上	4.87	7.02	3.92

6. 主要城市创业毕业生目前营业收入分析

在郑州市、周口市和南阳市自主创业的河南省 2017 届高校毕业生目前营业收入均主要在 "0-30 万" （占比分别为 64.88%、60.82% 和 59.41%）。

表 7-3-8　河南省主要城市创业毕业生目前营业收入分布　　（单位：%）

自主创业目前营业收入	郑州市	周口市	南阳市
0~30 万	64.88	60.82	59.41
31~60 万	15.42	25.73	22.77
201 万及以上	3.85	6.43	6.93
121~200 万	3.21	2.34	2.97
61~90 万	5.14	2.34	5.94
91~120 万	7.50	2.34	1.98

7. 主要城市创业毕业生创业困难分析

在郑州市自主创业的河南省 2017 届高校毕业生在创业过程中遇到的困难主要是 "资金筹措" （44.92%）；在周口市和南阳市自主创业的高校毕业生在创业过程中遇到的困难均主要是 "办公场所、设备等软硬件环境的准备" （占比分别为 35.29% 和 34.00%）。

表 7-3-9　河南省主要城市创业毕业生创业困难分布　　　　　　　（单位：%）

创业困难	郑州市	周口市	南阳市
资金筹备	44.92	27.65	31.00
创业团队组建	38.88	32.94	33.00
产品、服务的营销推广	29.81	23.53	21.00
办公场所、设备等软硬件环境的准备	24.41	35.29	34.00
企业创办相关审批手续等	20.52	28.24	33.00
创业项目选取	20.52	25.29	24.00
产品、服务的开发	13.61	10.00	5.00
其他	14.47	10.59	12.00

附　表

高校毕业生核心指标对比

附表 1　河南省 2017 届本科毕业生与全国、中部地区 2017 届本科毕业生核心指标对比

核心指标	河南省	全国	中部地区
月收入（元）	4744	4041	4102
专业相关度（%）	80.49	79.19	78.90
就业满意度（%）	92.19	93.40	95.04
离职率（%）	41.65	20.06	23.43
母校满意度（%）	98.27	97.25	97.41
母校推荐度（%）	70.43	64.33	67.99

注：为与全国和中部地区统计口径保持一致，就业满意度 =“很满意”+“比较满意”+“一般”所占比例

附表 2　河南省 2017 届专科毕业生与全国、中部地区 2017 届专科毕业生核心指标对比

核心指标	河南省	全国	中部地区
月收入（元）	4077	3181	3311
专业相关度（%）	80.16	77.35	74.90
就业满意度（%）	94.16	95.24	95.79
离职率（%）	48.93	42.43	43.88
母校满意度（%）	97.65	96.98	97.68
母校推荐度（%）	68.14	62.98	——

注：为与全国和中部地区统计口径保持一致，就业满意度 =“很满意”+“比较满意”+“一般”所占比例

附表 3 河南省2014-2017届高校毕业生核心指标对比

核心指标	2014 届	2015 届	2016 届	2017 届
月收入（元）	3135	3488	4108	4426
专业相关度（%）	64.00	63.00	76.04	80.43
就业满意度（%）	57.00.	63.00	46.64	52.38
离职率（%）	31.00	33.00	44.55	44.89
母校满意度（%）	90.00	91.00	97.02	97.97
母校推荐度（%）	66.00	69.00	72.04	69.41

注：为与2014-2016届统计口径保持一致，就业满意度＝"很满意"＋"比较满意"所占比例。

附　录

技术报告

一、调研目的

1. 了解 2017 届河南省高校毕业生的就业结构、就业质量、基层就业、求职过程、升学等就业相关状况，旨在发现满足社会需求与培养质量方面存在的问题；

2. 了解 2017 届河南省高校毕业生自主创业的状况，为教育主管部门引导学生自主创业和高校创新创业教育提供信息支撑；

3. 了解 2017 届河南省高校毕业生对母校的满意度和推荐度，了解毕业生对母校教学总体、就业指导和创业教育的评价情况；

4. 了解 2017 届河南省高校毕业生的专业预警情况，为建立河南省本科和专科的专业预警系统以及以社会需求为导向的高校专业设置的宏观调控机制提供数据信息支持；

5. 了解 2017 届河南省高校毕业生流入与流出情况，以供高等教育管理部门调整政策，吸引更多的高校毕业生选择在河南省就业；

6. 了解 2017 届河南省高校毕业生在河南省内主要城市就创业情况，为相应的省内城市出台有效政策提供参考，同时为其他省内城市提供借鉴；

7. 了解 2017 届河南省高校毕业生用人单位对毕业生工作评价和聘用需求，以改进全省院校的人才培养工作和服务，同时也更好地贴合单位的招聘需求；

8. 通过对调查结果分析研究，为河南省高等教育改革发展提供参考。

二、调研方案

（一）调研对象

1. 河南省 2017 届高校毕业生

对毕业研究生、本科毕业生和专科毕业生进行调查，包括以下六类毕业生群体：

（1）在国内单位就业

（2）自主创业

（3）自由职业

（4）在国内求学

（5）出国／出境

（6）未就业

2. 用人单位

用人单位包括河南省教育厅提供的河南省家庭贫困毕业生就业专场双选会参会企业、河南省毕业生就业信息网中的用人单位数据。

（二）调研方法

1. 调查方式

本次调研通过在线调研系统回收问卷的方式进行，毕业生及用人单位填答问卷的方式有四种：

（1）邮件调研：通过在线调研系统，向 2017 届河南省高校毕业生及用人单位的电子邮箱发送答题邀请邮件和问卷链接，同时向毕业生及用人单位手机发送调研告知短信，毕业生及用人单位打开邮件、点击链接即可作答；

（2）公开链接：通过多种途径将答卷公开链接告知 2017 届河南省高校毕业生及用人单位，毕业生及用人单位点击公开链接并输入验证信息即可答题；

（4）电话调研：通过向高校毕业生及用人单位打电话进行问答的形式进行调研。

2.研究过程

本次调查研究分为三个步骤：信息反馈、数据挖掘及指标解读。

图1 调查研究的三个过程

3.报告框架

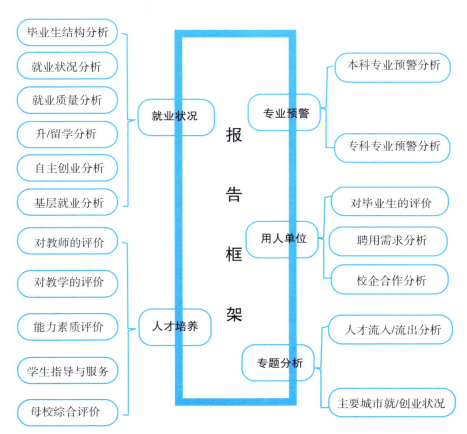

图2 报告框架图

（三）调研内容

本研究对河南省 2017 届高校毕业研究生、本科毕业生和专科毕业生进行调查，研究的问题包括以下具体内容：

1. 就业状况分析：包括毕业生结构、就业基本情况、就业质量、升/留学、自主创业、基层就业等内容；

2. 人才培养分析：包括对教师、教学、毕业生能力素质、就业创业指导与服务、母校综合评价等内容；

3. 专业预警分析：通过对高校毕业生就业率、月收入、工作与专业相关度、就业现状满意度、专业知识满足度五项指标的分析，建立河南省本科和专科的专业预警系统，详细区分预警专业、重点发展专业、持续关注专业；

4. 用人单位分析：包括用人单位对毕业生评价、聘用需求分析以及校企合作分析；

5. 专题分析：包括毕业生流动情况、主要城市毕业生就/创业状况、主要城市毕业生基层就业状况和主要城市自主创业状况。

三、调研样本

本次调研自 2018 年 9 月 13 日至 2018 年 11 月 02 日，持续 50 天。共发放学生问卷 522127 份学生问卷，回收 120672 份，回收率为 23.11%。为提高样本的代表性，对回收的有效样本分别从院校类型、学历层次、学科门类/专业大类三个方面进行结构分析并与毕业生总体结构进行比较，对回收样本中结构不合理的群体进行随机剔除样本。最终对结构合理的 75903 份样本进行分析。

从院校类型来看，本次调查共覆盖河南省 133 所普通高校（2017 届有毕业生的高校），其中本科院校 57 所；专科院校 76 所。

毕业生有效样本结构与总体结构对比如表 1~ 表 6 所示：

表 1　院校类型有效样本与总体院校类型结构对比　　　　（单位：%）

院校类型	有效样本		总体	
	人数	比例	人数	比例
本科院校	50835	66.97	351388	67.30
专科院校	25068	33.03	170739	32.70
总体	75903	100.00	522127	100.00

表 2　学历有效样本与毕业生总体学历结构对比　　　　（单位：%）

学历层次	有效样本		总体	
	人数	比例	人数	比例
本科	37218	49.03	254678	48.78
专科	37620	49.56	255559	48.95
研究生	1065	1.40	11890	2.28
总体	75903	100.00	522127	100.00

表 3　本科毕业生有效样本与本科毕业生总体学科门类结构对比　　　（比例单位：%）

学科门类	有效样本		总体	
	人数	比例	人数	比例
工学	10996	29.54	73307	28.78
管理学	7318	19.66	48785	19.16
文学	5575	14.98	37168	14.59
理学	3257	8.75	21711	8.52
医学	1780	4.78	17222	6.76
艺术学	1836	4.93	13549	5.32
经济学	1993	5.35	13178	5.17
教育学	1950	5.24	13003	5.11
法学	1458	3.92	9721	3.82

续表

学科门类	有效样本		总体	
	人数	比例	人数	比例
农学	854	2.29	5693	2.24
历史学	194	0.52	1293	0.51
哲学	7	0.02	48	0.02
总体	37218	100.00	254678	100.00

表4　专科毕业生有效样本与专科毕业生总体专业大类结构对比　　（比例单位：%）

专业大类	有效样本		总体	
	人数	比例	人数	比例
财经大类	7869	20.92	52256	20.45
医药卫生大类	5460	14.51	34128	13.35
土建大类	5182	13.77	32760	12.82
制造大类	5157	13.71	32234	12.61
文化教育大类	3977	10.57	28245	11.05
电子信息大类	3383	8.99	22988	9.00
艺术设计传媒大类	1105	2.94	11920	4.66
交通运输大类	874	2.32	10649	4.17
旅游大类	1244	3.31	7773	3.04
轻纺食品大类	674	1.79	4128	1.62
资源开发与测绘大类	359	0.95	3106	1.22
生化与药品大类	474	1.26	2962	1.16
农林牧渔大类	404	1.07	2528	0.99
法律大类	398	1.06	2489	0.97
材料与能源大类	320	0.85	2279	0.89
公共事业大类	337	0.90	2104	0.82

续表

专业大类	有效样本		总体	
	人数	比例	人数	比例
水利大类	133	0.35	1339	0.52
公安大类	194	0.52	1215	0.48
环保、气象与安全大类	76	0.20	456	0.18
总体	37620	100.00	255559	100.00

表5 毕业研究生有效样本与毕业研究生总体学科门类结构对比　（比例单位：%）

学科门类	有效样本		总体	
	人数	比例	人数	比例
工学	266	24.98	2670	22.46
理学	219	20.56	2186	18.39
医学	98	9.20	1770	14.89
教育学	119	11.17	1186	9.97
管理学	84	7.89	1044	8.78
法学	79	7.42	789	6.64
文学	75	7.04	747	6.28
农学	57	5.35	574	4.83
艺术学	10	0.94	352	2.96
经济学	29	2.72	307	2.58
历史学	17	1.60	165	1.39
哲学	12	1.13	100	0.84
总体	1065	100.00	11890	100.00

　　本次调研共发放用人单位问卷 20243 份，剔除无效问卷后，问卷有效回收数为 1768 份，根据用人单位性质不同，回收结构如表6：

表6　用人单位样本结构分析　　　　　（样本量单位：个；比例单位：%）

性质	样本量	比例
民营企业	1211	68.50
三资企业	142	8.03
其他企业	138	7.81
国有企业	77	4.36
医疗卫生单位	75	4.24
党政机关	41	2.32
高等教育单位	31	1.75
中初教育单位	29	1.64
其他	19	1.07
科研设计单位	5	0.28
总体	1768	100.00